Palawan 26
Con-Dao-
Inseln 34
Malediven 44
Mauritius 52
Madagaskar 60
Ningaloo-Küste
16
pstadt 72

The New York Times

EXPLORER

Strände, Inseln
& Küsten

The New York Times

EXPLORER

Strände, Inseln & Küsten

Herausgegeben von
Barbara Ireland

TASCHEN

VORWORT *von Barbara Ireland* 12

DER LANGE WEG NACH NINGALOO *Australien* 16
HINTER DEM HORIZONT AUF DEN PHILIPPINEN *Philippinen* 26
DAS UNBERÜHRTE VIETNAM LIEGT IM MEER *Vietnam* 34
DIE ZWEI WELTEN DER MALEDIVEN *Malediven* 44
DIE PERLE IM INDISCHEN OZEAN *Mauritius* 52
NUR AUF MADAGASKAR *Madagaskar* 60
DAS WILDE UND DAS ZAHME KAPSTADT *Südafrika* 72
WANDERN, WO WALES AUF WASSER TRIFFT *Wales* 82
BLICK AUF DIE GESCHICHTE DER SCILLY-INSELN *England* 90
ABSCHLAG UM MITTERNACHT *Norwegen* 100
DIE FRANZÖSISCHE SEITE DES BASKENLANDS *Frankreich* 110
DIE UNBERÜHRTE ALGARVE *Portugal* 122
SONNE – STRAND – TOSKANA *Italien* 130
DIE KLEINE SCHWESTER DER ITALIENISCHEN SEEN *Italien* 140
DIE WILDNIS LIEGT VOR SARDINIEN *Italien* 150
NEUFUNDLANDS VERWUNSCHENE KÜSTE *Kanada* 162
KUPFERGLANZ IN MICHIGANS NORDEN *USA* 174
AUF WANDERTOUR BEIM GOLDEN GATE *USA* 186
IM HINTERLAND VON CATALINA ISLAND *USA* 194
IM KAJAK VON KEY ZU KEY *USA* 206
HEISS, KALT, ERHOLSAM – AUF BIG ISLAND, HAWAII *USA* 214
VON INSEL ZU INSEL FÜR EIN STÜCK SCHOKOLADE *Kleine Antillen* 226
ZEITLOSE ERINNERUNGEN AN BERMUDA *Bermuda* 236
WELLENPARADIES BARBADOS *Barbados* 250
DIE „NATURINSEL" DOMINICA *Dominica* 258

Reiseinfos 270 *Biografien* 283 *Index* 287 *Danksagung* 288

Reisen ist Entdecken. Gesellt sich zur Entdeckerfreude die Lust am Erzählen und ein Talent zum Schreiben, so darf der Leser sich auf Geschichten freuen, die ihn zum Wandern, Paddeln, Fliegen, Segeln, Tauchen, Dahintreiben mitnehmen. Oft gibt es an ganz unerwarteten Orten Spannendes und Neues zu entdecken. Bringt außerdem ein talentierter Fotograf Bilder von dieser Reise mit, die das Besondere der schönen Ziele einfangen, so ist das Vergnügen doppelt so groß.

Anspruchsvoller Reisejournalismus hat in der New York Times *seit Generationen seinen Platz. Der vorliegende Band aus der* Explorer-*Reihe, gemeinsam von der* Times *und TASCHEN herausgegeben, enthält 25 Essays von hervorragenden Reisejournalisten. Im Blickpunkt der Reportagen stehen jeweils faszinierende Orte, an denen Land und Wasser zusammentreffen. Die mit traumhaften Fotos illustrierten Berichte nehmen den Leser rund um die Welt mit, von den Malediven bis Neufundland, von australischen Unterwasserlandschaften bis zu den Florida Keys.*

Reisen Sie mit uns nach Hawaii, wo rot glühende Lava sich ins Meer ergießt. Hören Sie den Atlantik gegen die Klippen von Wales krachen, während ein Regenbogen den Himmel überspannt. Beobachten Sie Lemuren an den Flussufern von Madagaskars einzigartiger Inselwelt. Unsere Entdecker begegnen Natur und Bewohnern mit wachem Blick und großer Neugier – staunend, humorvoll, auf Augenhöhe.

Lassen Sie sich inspirieren. Auch wenn dies kein Reiseführer ist – ein paar Infos geben wir Ihnen an die Hand. Genießen Sie die Erzählungen und die Fotos. Lassen Sie sich überraschen von dem, was die Welt für uns bereithält, und träumen Sie. Jede Reise ist eine Entdeckung. Jede Entdeckung beginnt mit einem Traum.

— Barbara Ireland, Herausgeberin

Palawan, Philippinen (Seite 2); Noordhoek Beach, Südafrika (Seite 4–5); Lago d'Orta, Italien (Seite 6–7); Pembrokeshire, Wales (Seite 8–9); Michigans Obere Halbinsel (Seite 10); Île Sainte-Marie, Madagaskar (gegenüber); Bathsheba, Barbados (folgende Doppelseite).

DER LANGE WEG NACH NINGALOO

Das Flugzeug bringt einen schnell zu dem ausgedehnten Riff vor Australiens Westküste. Wirkliche Entdecker jedoch fahren die rund 1100 km von Perth mit dem Wagen.

TEXT UND FOTOS VON ALEX HUTCHINSON
ZUSÄTZLICHE FOTOS VON ANDA KING

Seite 16 Rote Dünen, weißer Strand und klares Wasser am Ende der Peron-Halbinsel.

Links Im François Peron National Park lassen wir etwas Luft aus den Reifen, so greifen sie im weichen Sand besser.

Gegenüber Millionen zermahlener Herzmuscheln geben Shell Beach in Australiens Bucht der Haie seinen Namen.

An der Spitze einer schmalen Halbinsel, die weit in den Ozean reicht, entfaltete sich ein atemberaubender Ausblick. Zu beiden Seiten fiel die dreifarbige Küstenlinie steil ab: Ein azurner Himmel, rote Dünenklippen und blendend weißer Strand. Von der Aussichtsplattform am Rand des Steilhangs ging unser Blick durch glasklares Wasser hinunter in die Welt des maritimen Lebens im Indischen Ozean. Eine Gruppe Delfine tollte ausgelassen, große Mantarochen zogen wie schwarze Schatten unter der Oberfläche umher; Seekühe und Meeresschildkröten dümpelten im Seegang. Direkt unter uns streifte ein Federschwanz-Stechrochen fast das Ufer. Wohin man auch sah – Haie. Sie machten ihre Runde vor dem Strand und lauerten hinter Felsen, Haie, Haie und nochmals Haie.

Mit meiner Frau Lauren und ihren Eltern hatte ich die Hälfte der elftägigen Autofahrt entlang der ungerühmten Westküste geschafft. Zuerst waren wir mit dem Flugzeug bis Perth geflogen, der einzigen größeren Stadt auf der Seite des Kontinents, dort hatten wir einen Wagen gemietet. Unser Ziel war das Ningaloo Reef – das 250 km lange „andere" große Riff vor der Küste – ungefähr 1100 km nördlich von Perth.

Das Gegenstück zu Ningaloo ist das Great Barrier Reef an Australiens Ostküste. Es ist der größte lebende Organismus der Welt, doch stellenweise schon gezeichnet vom Korallentod durch die Erwärmung der Meere. Durch die lange Nutzung als große Touristenattraktion ist das Ufer über weite Strecken zugebaut. Außerdem liegen die schönsten Stellen des Riffs einige Stunden Bootsfahrt weit draußen. Ningaloo versprach das genaue Gegenteil: menschenleere Küste und ein Riff, das von den Hotelstränden aus zu Fuß zu erreichen ist.

Auf den bequemen Flug von Perth bis zum zentral gelegenen Exmouth hatten wir zugunsten der 1000 km langen Strecke entlang der Küste verzichtet, um eine echte australische Langstreckenfahrt zu erleben. Wenige Stunden hinter Perth brausten wir über die gerade, ebene Straße mit der roten Wüste zur Rechten und der Strandlinie zur Linken. Das Lenkrad brauchten wir nur, um gelegentlich einem platt gefahrenen Känguru auszuweichen.

Bald wurde uns klar, dass dieser Küstenstrich noch leerer war als vermutet. Zwischen den wenigen Gasthäusern entlang der Strecke gab es fast nichts. In einem menschenleeren Nationalpark nach dem anderen wanderten wir an Klippen vorbei, bewunderten bizarre Felsformationen und tiefe Flusseinschnitte durch die staubtrockene Wüste.

Nach drei Tagen Fahrt erreichten wir schließlich den Rand der Shark Bay, die 1699 vom britischen Freibeuter William Dampier so getauft worden war. „Eine Masse Haie fingen wir, die von unseren Männern herzhaft verschlungen wurden", notierte er in seinem Tagebuch.

Shell Beach, ein UNESCO-Weltnaturerbe, war unser erster Halt in der Shark Bay. Der hell leuchtende „Sand"

Vorige Doppelseite Pinnacles Desert im Nambung-Nationalpark – Meeresblicke sind nicht die einzigen Ausblicke an der westaustralischen Küste.

Oben Blick über das Tal des Murchison River durch ein Fenster ohne Scheibe im Kalbarri-Nationalpark.

Gegenüber Erstaunliche Landschaft bei Ningaloo: Felsen, die keine sind.

Folgende Doppelseite Weitblick ohne Ende von der Halbinsel Peron.

dort ist in Wirklichkeit eine 10 m dicke Schicht zermahlener Herzmuscheln. Bucklige Felsen in den salzgesättigten Untiefen entpuppten sich als Stromatolithen, Ansammlungen von bakteriellen Organismen, die zu den ältesten Lebensformen der Welt gehören. Diese hier werden „nur" auf wenige Tausend Jahre geschätzt.

Zwischen März und Juli wandern Walhaie, mit bis zu 18 m Länge die größte Fischart der Welt, entlang dieses Küstenstreifens. Die verlässlichste Ganzjahresattraktion in der Shark Bay aber sind die zutraulichen wilden Delfine. Am Strand von Monkey Mia hielt eine Rangerin einen Vortrag – hinter ihrem Rücken ein Dutzend ungeduldig herumtollender Delfine. Nacheinander kamen sie, um von einem Freiwilligen Fische anzunehmen.

Später am Vormittag segelten wir mit einem Katamaran durch die Bucht und kreuzten zwischen Gelbschwanz-Seekühen, strahlend bunten Seeschlangen, einer Unechten Karettschildkröte und einem Tigerhai. Einmal konnten wir durch das Netz zwischen den Rümpfen des Katamarans zwei Delfine beobachten, die im Schaum unseres Kielwassers mitschwammen und spielten.

Monkey Mia liegt auf der Peron-Halbinsel und ist das mit Abstand beliebteste Touristenziel von Shark Bay. Die Insel schützt das Flachwasser der Bucht; ihre obere Hälfte ist als Francois Peron National Park ein ausgewiesenes Schutzgebiet. Dort konnten wir durch den roten Sand bis zum Rand der Klippe gehen, um auf den Ozean mit seinen quirligen Haien, Rochen und Delfinen hinabzublicken und einfach nur zu staunen.

Die letzte Etappe unseres Vorstoßes nach Norden brachte uns nach Coral Bay, dem winzigen Vorposten am Südende des Ningaloo Reef, mit nichts als einem Hotel

Randnotiz: Kängurus sind mit ihren fast 90 kg ausgesprochen unbedarfte Verkehrsteilnehmer. Alljährlich werden Tausende von ihnen angefahren. Manche Fahrer montieren Känguru-Fänger aus Metall an ihre Wagen, gegen die Beuteltiere und auch gegen die Adler, die sich behäbig an deren Aas gütlich tun. Ohne Känguru-Fänger fährt man nachts am besten nicht auf der Straße.

und wenigen Campingstellplätzen. Auf dem Weg stoppten wir mit quietschenden Reifen, um ein paar Dutzend abgefallener Mangofrüchte neben der Straße aufzulesen. Sie waren so unwiderstehlich süß, dass wir auf dem Rückweg drei Tage später wieder anhielten.

In Coral Bay wurde für Schnorchler eine Fahrt mit schnellen Zodiac-Festrumpfschlauchbooten zu den drei Hauptspots angeboten. Für Lauren und mich dagegen war eine ruhige geführte Kajaktour die bessere Wahl.

Nach 25 Minuten Paddeln durch leichte Brandung erreichten wir eine Festmacherboje, legten die Schnorchel an und glitten ins Wasser. Eine Stunde lang folgten wir unserem Führer durch ein Gewirr von blau schimmernden Steinkorallen und schwammen neben einem ganzen Sammelsurium tropischer Fische, Rochen und Meeresschildkröten. Mit wachsamen Augen beobachteten wir einen Schwarzspitzen-Riffhai, der uns umkreiste. Vollkommen harmlos, wie wir wussten, aber dennnoch furchterregend.

Am nächsten Morgen gingen wir mehrere Hundert Meter den Strand hinauf, um einen schmalen Vorsprung herum, und schon gelangten wir ins Wasser. Während ich damit beschäftigt war, nicht auf die im Sand verborgenen Rochen zu treten, erspähten wir eine Suppenschildkröte.

Weiter draußen erreichten wir den Korallendschungel. Als eine Schule winziger blauer Fische um meinen Kopf herumschwirrte und Goldmakrelen mit kantigen Köpfen lässig vorbeitrieben, fühlte ich mich wie unsichtbar. Ich streckte meinen Kopf aus dem Wasser und sah nichts als Meer und unberührte Küste, ohne Anzeichen von Zivilisation, bis auf den Strand an der Sackgasse gegenüber von meinem Hotel, wo ein Buch, frische Mangos und ein Kühlschrank voller Bier auf mich warteten.

HINTER DEM HORIZONT AUF DEN PHILIPPINEN

*Auf einem ziellosen Trip mitten ins Nichts,
mit dem azurblauen Meer auf allen Seiten,
fehlte es uns nicht an Entspannung.*

TEXT VON DAN LEVIN
FOTOS VON JES AZNAR

Seite 26 Wir lassen uns im Norden von Palawan von Bord der *Buhay* ins klare Wasser gleiten.

Links Frische Krebse auf der *Buhay* laden zum Zugreifen ein.

Gegenüber Ein Zwischenstopp auf einer ruhigen Insel wird für Beachvolleyball genutzt.

Gemächlich trieben wir über einen Korallenwald, als mein schwedischer Mitschnorchler plötzlich etwas rief. Ich hob den Kopf aus dem Wasser, über das Schwappen der Wellen hinweg vernahm ich nur: „Loch mit Monster!“

Ich zog die Maske vom Gesicht und fühlte mich plötzlich ausgeliefert. Wir schnorchelten in den Gewässern vor der Insel Palawan auf den Philippinen, und unsere Heimat für den fünftägigen Ausflug, das blau-weiße, 25 m lange Boot, lag zu weit weg für eine schnelle Flucht.

Also setzte ich den Schnorchel wieder auf, atmete tief ein und stieß hinab zum Riff. Einige der 19 Abenteurer unserer Segelexpedition waren schon dort und spähten in eine sesselgroße orangefarbene Koralle. Aha – keine todbringende Kreatur. Aber hungrig wirkte sie. Halb verborgen in einer Spalte lauerte ein langer, gesprenkelter Räuber mit weit geöffnetem Rachen. Ich hielt Distanz und merkte mir ein neues Wort für meinen skandinavischen Freund: Muräne. Doch erst einmal musste ich Luft holen.

Zum Glück gab es reichlich Entspannung auf diesem Ausflug mit der *Buhay,* einem für die Philippinen typischen Auslegerboot mit Himmel – Bangka genannt –, das perfekt für Touristen ausgerüstet war, die sich aalen wollen. Wir waren mitten im paradiesischen Nichts: tief azurblaues Meer bis zum Horizont, gesprenkelt mit unbewohnten Inseln. Nach wenigen Tagen schon hatten wir uns meisterlich an das süße Nichtstun gewöhnt: Essen, Schnorcheln und Abschalten pur. Mit Nachschlag.

Fast alle Touristen, die zum entspannten Ausruhen auf die Philippinen kommen, zieht es gleich zu den bekannten Ferienorten wie der Insel Boracay, einem tropischen Convenience-Store, voll ausgerüstet mit Jetskiern, Pools und Hangover. Mir jedoch schwebte echte Erholung ohne Gemeinschaftsbesäufnis mit tropischen Longdrinks vor. Also buchte ich online beim Segeltour-Spezialisten Tao Philippines, der nicht nur einige der abgelegensten Inseln in Südostasien erschließt, sondern gleich auch komplette digitale Abstinenz bietet: keine E-Mails, keine sozialen Netzwerke, kein Telefon.

Eddy Brock, ein schlaksiger Filipino, und sein britischer Kumpel Jack Foottit haben Tao gegründet. Sie begegneten sich beim Kellnern in Schottland und nahmen dann Kurs auf die Inseln von Palawan. Mit den Jahren entdeckten sie eine eigene Welt unverdorbener Inseln und Fischerdörfer. Damit das Abenteuer weitergehen konnte, begannen sie, Gleichgesinnte auf ihre Robinsonaden mitzunehmen. Mittlerweile betreiben sie mehrere Bangkas.

Auf unserer Reise geht es nur um eines, so Brock in der Nacht vor dem Ablegen: Es gibt keinen Plan. Während unserer Fahrt von El Nido im Norden der Insel Palawan nach Coron, 170 km nordöstlich, bestimmten Wind und Strömung jeden Tag unseren Kurs. Wir liefen Inseln an, die so abgelegen sind, dass kein Tourist sich dorthin verirrt.

Gleich am ersten Morgen an Bord der *Buhay* legten wir unsere Flipflops weg und testeten unsere Seebeine. Das

Oben Mit Flossen und Bikini ist das Abtauchen noch schöner.

Gegenüber Kaffeepause – im Hintergrund die *Buhay*. Der Kaffee stammt aus der Region.

Folgende Doppelseite Überfüllte Strände müssen nicht sein: Schnorchelrevier an der nördlichen Küste von Palawan.

Boot war eine typische Bangka, umgerüstet mit zweistöckigem Freiluftdeck, dazu zwei Gitarren an Bord. In der Kombüse stand Smutje Annie bereit, für uns philippinische Köstlichkeiten wie mariniertes Thunfischsteak oder Krabbencurry mit Kokosmilch zu zaubern. Meine Bordkameraden kamen überwiegend aus Europa, einschließlich zweier Belgier mit ansehnlichen Filipinas im Schlepp. Jede Nacht schliefen wir auf einer anderen Insel, manchmal teilten wir uns die Hütten.

Am Nachmittag legten wir bei Taos Basislager auf der Insel Cadlao an. Vor einigen Jahren lebten hier noch Fischer, aber sie verkauften ihren Landbesitz an Brock und Foottit. Jetzt arbeiten einige von ihnen für die beiden als Seemann oder Koch. Auf den Inseln unterstützt Tao jedes Dorf, das mit ihnen zusammenarbeitet, durch den Bau von Schulen und die Bezahlung von Lehrern. Diese Investition sorgt für viel Loyalität vor Ort. Unsere Besatzung stammte aus dieser ländlichen Gegend, und sie hatte unseren beiden Veranstaltern das Erklimmen von Kokosbäumen und die Astronavigation beigebracht.

Am wir am nächsten Morgen an Bord der *Buhay* kletterten, fühlten wir uns schon wie ein eigener Stamm. Die Sonne stand hoch, die Luft schmeckte salzig, es roch nach Sonnencreme. Über dem Klatschen der Wellen gegen den Rumpf hörte ich Gitarrenklänge und Gelächter. Wir lagen am Bug der Bangka und bräunten unsere Bäuche, als Nina Peck, die Rotblonde aus Liverpool, die Frage stellte, die uns gerade am notwendigsten erschien: „Ist schon Bierzeit?“ (War es aber noch nicht, und so blickten wir weiter den Wolken nach.)

Die *Buhay* stoppte, und unser philippinischer Expeditionsleiter Johan kündigte ein Schiffswrack aus dem

Randnotiz: In der Nacht kann man auf den Philippinen vom Boot aus die Lichter von Bangkas sehen, die Austernfarmen bewachen. Überfischung und der Temperaturanstieg der Meere nahmen vielen örtlichen Fischern ihre Existenzgrundlage. Perlenzucht bietet einen kleinen Ersatz.

Zweiten Weltkrieg an, das knapp unter der Wasseroberfläche lag und darauf wartete, entdeckt zu werden. Wir nahmen unsere Schnorchel und tauchten zum Wrack im Korallenbett ab. Aus den Seeanemonen des rostigen Schiffs schossen Clownfische pfeilgerade auf unsere Masken zu. Ein Unterwasserspielplatz mit Bullaugen zum Durchschwimmen.

Plötzlich griff Nina meinen Arm und und zeigte auf den Meeresboden: Ein Tintenfisch in Schockstarre blitzte dort grün gefleckt, leuchtend beige wie ein Chamäleon auf Speed auf.

Tao unterstützt Kleinbauern rund um den philippinischen Archipel. Unser Morgenkaffee kam von Brocks Dorf im Norden, das Abendessen exklusiv aus der Umgebung. Auf einer Insel landeten wir rechtzeitig zum Wildschweinbraten am Spieß. Noch lange nach dem Gelage am Strand versuchten wir uns an Tracy Chapmans „Fast Car" und an Stücken der Red Hot Chili Peppers.

Ein anderer Abend, ein anderer Strand, diesmal mit Liedtexten. Nach Sonnenuntergang und Garnelen umringten wir in der Hütte den eigentlichen Grund für den Stromgenerator des Ortes: die Karaoke-Maschine. Wenn Englisch auch nicht die Muttersprache aller Crewmitglieder war – amerikanisch-britische Popmusik verzeiht alle Fehlerchen. Wir sangen Oasis' „Wonderwall" und tanzten Macarena.

Zum Luftschnappen schlich ich mich barfuß hinüber an den Strand, menschenleer bis auf die Geisterkrabben, die mich von ihren Bauten aus mit aufmerksamen Kulleraugen überwachten. Unter einem hell erleuchteten Sternenhimmel seufzte leise die Dünung, und ich war einziger, begeisterter Zeuge.

DAS UNBERÜHRTE VIETNAM LIEGT IM MEER

Einst war Con Dao ein Archipel mit Kerker. Heute finden Urlauber dort atemberaubende Freiheit.

TEXT VON NAOMI LINDT
FOTOS VON KEVIN GERMAN

Seite 34 Im Con-Dao-Archipel hält ein Fischer sein kleines Boot zwischen 16 gebirgigen Inseln und Eilanden unbeirrt auf Kurs.

Links Weihrauch zum Gedenken an die Toten der Kolonialzeit im berüchtigten Gefängnis der Insel Con Son.

Gegenüber Biken im Nationalwald. Zum Nationalpark Con Dao gehören rund 80 Prozent der Fläche der Inselgruppe, mit etwa 130 km^2 als Meeresreservat.

Als die Abendstrahlen der Sonne den Himmel pastellrosa und orangerot färbten, begann für die Bewohner von Con Dao Island der Feierabend. Mit nachlassender Tageshitze drängten die Menschen der kleinen vietnamesischen Insel auf die 2 km lange Strandpromenade.

Junge Burschen auf Honda-Rollern kamen herbei, schleuderten ihre Schuhe weg und krempelten die Jeans hoch zum Fußballspielen auf dem weißen Sand; junge Mütter liefen mit ihren Schützlingen an der Hand ins sanft plätschernde Blau des Meeres; eine ältere Frau mit traditionell schwarz gefärbten Zähnen schaute einer Gruppe von Kindern zu, wie sie auf dem Pier von 1873 bunte Tierdrachen steigen ließen.

Wären da nicht die kommunistischen Parolen aus den Lautsprechern in der Stadt, glaubte man kaum, in Vietnam zu sein. Wo waren die Motorräder, das laute Hupen, die blitzenden Hochhäuser und das geschäftige Treiben, das man mit dem hektisch wachsenden Land verbindet?

Die Con-Dao-Inselgruppe liegt 70 km vor der Südostküste des Festlands; die größte der 16 Inseln, Con Son, wird oft auch Con Dao genannt. Ein Ort, den die meisten Vietnamesen gerne vergessen würden. Volle 113 Jahre barg diese Insel einen der härtesten Kerker des Landes. Erbaut 1862 von französischen Kolonisten, später von südvietnamesischen und US-Streitkräften übernommen, bestand er bis 1975, als nach der Eroberung Saigons durch den Norden die Gefängnisse geschlossen wurden.

Die zu Museen umfunktionierten verwitterten Steinbauten sind heute das Ziel amtlich organisierter Pilgerfahrten von Staatsdienern; sie zeigen das Leiden der alten Genossen. Manchmal sind unter den vietnamesischen Besuchern frühere Vietcong, die dort eingekerkert waren und jetzt, im krassen Gegensatz zu ihren einstigen Erfahrungen, die Schönheit der Insel genießen dürfen.

Im Hauptort, außerhalb der Gefängnisse, sind andere Gebäude der Franzosen zu Cafés und Wohnungen umgebaut worden. Der Geschäftsbezirk besteht aus wenig mehr als einem täglichen Markt, einigen Fischrestaurants und Souvenirläden, die Muscheln, geschnitzte Stöcke und Ho-Chi-Minh-Nippes feilbieten. Flammenbäume und Drillingsblumen säumen die Nebenstraßen. Auf den wenigen Schildern liest man Parolen wie: „Die Partei bringt Frieden, Trost und Glück".

Trotz oder auch wegen seiner hässlichen Geschichte ist Con Dao eines der ursprünglichsten, atemberaubendsten Ausflugsziele Südostasiens. Seine Vergangenheit und die einsame Lage haben dem Archipel die alljährlichen Millionenhorden erspart, wie sie Goldgräberstädte wie Nha Trang und Danang an der Küste heimsuchen. Eine begrenzte Zahl anspruchsvoller Touristen kommt seit der Eröffnung von Six Senses Con Dao, Teil einer Kette kleiner, exklusiver Resorts. Six Senses aus Bangkok ist bekannt dafür, Öko-Luxus in Südostasiens unverdorbene, aufstrebende Orte zu bringen.

Gegenüber und oben Venusmuscheln und Fisch aus regionalem Fang auf einem Marktplatz der Insel Con Son, gemeinhin bekannt als Con Dao Island.

Unten Tintenfisch im Feuer des Restaurants Orchid auf Con Son.

Oben Das Lager Phu Binh, Teil des Kerkers Con Son, in dem zahllose politische Gefangene gefoltert wurden.

Gegenüber Blumenarrangements zum Gedenken der getöteten Gefangenen auf Con Son.

Folgende Doppelseite Der schönste Strand der Insel, der felsenübersäte Bai Nhat, zeigt sich nur bei Ebbe ganz trocken.

Die Strände des Archipels Con Dao sind weitgehend leer und unberührt. Das azurblaue Meer ist randvoll mit den schönsten Korallenriffen Vietnams, und die Wälder sind erfüllt vom munteren Treiben der Makaken und Schwarzen Riesenhörnchen, einer der zahlreichen einheimischen Tierarten.

Auf Con Dao tut man weit mehr als auf dem Festland, um die natürliche Schönheit zu erhalten. Der Nationalpark Con Dao bedeckt gut 80 Prozent der Gesamtfläche des Archipels, darunter das 130 km^2 große erste Meeresschutzgebiet Vietnams.

Mithilfe des World Wildlife Fund und des Entwicklungsprogramms der Vereinten Nationen hat der Park den Zuschlag über 15 Millionen Euro für einen Entwicklungsplan erhalten, der bis bis 2020 läuft. Damit werden Ressourcenschutz, Forschung und Ökotourismus finanziert.

Obwohl die Bevölkerung mit dem wachsenden Tourismus anstieg, hat Con Dao seinen langsamen, freundlichen Rhythmus und seine spektakuläre Schönheit beibehalten können.

Während eines Besuches sah ich außer einer Filmcrew von *Koh-Lanta* (die französische Version von *Expedition Robinson*) kaum ausländische Touristen. Einer darunter war Fred Burke, ein geschäftsführender Partner in der internationalen Anwaltsfirma Baker & McKenzie mit Büros in Ho-Chi-Minh-Stadt und Hanoi.

„Hier fühlt man sich wie in einem unentdeckten Tahiti", sagte er mit Blick auf die üppigen, sanften Hügel und schroffen Klippen am Meer. „Die meisten der Urlaubsorte an der vietnamesischen Küste werden von Müll am Strand, schlechter Abwasseraufbereitung, lauten Motorrädern und Jetskiern verdorben. Es ist eine absolute Überraschung,

Randnotiz: In den Gefängnistrümmern finden sich Reste der sogenannten Tigerkäfige, in denen politische Gefangene in klaustrophobischen Zellen saßen. Als während des Vietnamkrieges amerikanische Zivilisten diese Zellen entdeckten, stärkte dies in den USA die Opposition gegen den Krieg; sie wurden zum Symbol für Grausamkeit und Unterdrückung.

einen so bezaubernd schönen Ort wie Con Dao vorzufinden, der nahezu menschenleer ist."

Auch wenn nur wenige hier Englisch sprechen und die meisten Orte auf vietnamesische Reisegruppen eingestellt sind, so können Einzelreisende durchaus Inselschätze finden. So gibt es im Nationalpark Con Dao geführte Wanderungen durch dichten Tropendschungel und zu einsamen Stränden wie Dam Tre Bay. Eine kleine Bucht mit goldfarben wogendem Seetang und Riesenmuscheln mit funkelnd blauen Lippen. Es gibt auch Schnorchelausflüge zur Insel Bay Canh, die mit ihren feinen Sandstränden in der Brutsaison von Mai bis September Suppen- und Echte Karettschildkröten anlockt.

Man erlebt Con Dao am intensivsten auf dem Mietroller entlang der Küstenserpentinen, auch weil einem hier kaum mehr begegnet als eine einsame schwarze Ziege oder eine frei laufende Sau. 12 km nordöstlich des Städtchens, am Ende eines Sandwegs mit dem Schild „Mieu Cau" gelangt man zum versteckten Dam Trau Beach. Die weite, goldfarbene Strandsichel mit saphirblauem Wasser ist von zarten Kasuarinen gesäumt. Nur die Flüge aus Ho-Chi-Minh-Stadt stören die Ruhe.

Im Westen der Inselgruppe erwarten Sie Dünen und Con Daos Haupthafen Ben Dam. Dort schaukeln ausgeblichene minzgrüne Fischerboote auf türkisfarbenem Wasser. Bai Nhat, der felsenübersäte schönste Strand der Insel, liegt nur bei Ebbe trocken. Mit etwas Glück geschieht das am späten Nachmittag, zum Sonnenuntergang hinter der 300 m hohen Erhebung Love Peak, die wie zwei aneinandergeschmiegte Köpfe aussieht.

Es ist auch gut möglich, dass Sie den Strand für sich haben werden.

DIE ZWEI WELTEN DER MALEDIVEN

Ein Äquatorialarchipel mit zwei Gesichtern: repressive Politik einerseits, Touristenparadies mit weißem Sand und Rosenblütenblättern andererseits.

TEXT VON ALAN FEUER
FOTOS VON JES AZNAR

Seite 44 Im Villenhotel in Kandooma Fushi auf den Malediven ist man immer nah am Wasser.

Links und gegenüber Viele Touristen bleiben in ihren feudalen Resorts, während gleich nebenan das tägliche Leben pulsiert. Die Straßen auf Malé sind voller Fahrzeuge, und von Insel zu Insel nimmt man das Boot.

Im Lakkadivenmeer vor der indischen Westküste reihen sich die Malediven wie eine natürliche Perlenkette von über 1000 Koralleninseln auf, bekannt als glamouröser Urlaubsort etwa für Supermodels, die sich mit dem zukünftigen Expartner in einen Strandbungalow zurückziehen wollen. Die Inseln haben den Ruf, ausgesprochen teuer und hedonistisch zu sein. Hier verbrachten der Herzog und die Herzogin von Cambridge ihren Urlaub, ein Wasserflugzeug brachte sie zum Fünf-Sterne-Resort auf dem abgelegenen Noonu-Atoll. Ihre Villa mit zwei Schlafzimmern steht auf Pfählen über dem Wasser, ausgestattet mit Schilfdach, Sonnendeck, randlosem 12-m-Infinity-Pool und freiem Seeblick.

Im Gegensatz zu den Bermudas oder St. Barts sind die Malediven für europäische Touristen vielschichtiger als andere Urlaubsorte. Seit dem Machtgewinn der islamischen Kräfte dürfen die Bürger in dem mehrheitlich sunnitischen Land außer dem Islam keine Religion mehr ausüben; die Scharia wurde eingeführt, und Schweinefleisch und Alkohol sind weitgehend verboten. Ausgenommen sind nur die Resorthotels für ausländische Reisende. Abweichungen von der herrschenden Meinung werden unterdrückt, mitunter streng.

Die Masse der Touristen kommt am Flughafen an und wird sofort von uniformierten Bediensteten des Hyatt oder Sheraton zu den nahen Schnellboot-Anlegestellen geführt, von dort geht es schnurstracks zu den Resortinseln. Abschottung mag in der Natur eines einsamen Strandurlaubs liegen: die örtliche Kultur ignorieren und nur das Meer wahrnehmen. Und genau das taten meine Freundin Cheyne und ich während der sechs Tage in drei Resorts, wir genossen extravaganten Luxus, von Unterwassermassagen bis zum Schwimmen mit Stechrochen im Korallenmeer. Fesselnd war die dekadente Stimmung sicherlich, aber sie machte uns nicht blind. Das echte Leben – aus Sicht der Malediver – konnte gelegentlich in unseren Traum dringen.

An einem Tag hielten wir uns in Malé auf, der Hauptstadt, in der Motorräder knatterten und Jungs am Strand spielten, während schwarz verhüllte Frauen über den Sand spazierten. Am Tag danach ging es per Schnellboot zum eleganten Per-Aquum-Resort auf Huvafen Fushi, einer privaten Sandbank des Atolls Nord-Malé. Zuerst bekamen wir von einem Bediensteten Rettungswesten und dann die stolze Aufklärung, dass der Inselname in der Heimatsprache Dhivehi „Trauminsel" bedeutet.

Wie es sich für diesen Namen gehört, empfing uns an der Anlegestelle von Huvafen Fushi eine Gruppe strahlender Angestellter mit einem süßen Ingwergetränk. Dann wurden wir über die Annehmlichkeiten aufgeklärt: Restaurants, Schnorchelriff und Fitnessraum mit Meerblick. Wir schwitzten, obwohl es erst Mittag war. Doch schnell kam Abhilfe in Gestalt dampfender Handtücher, die uns von einem Mann im Polohemd auf dem Tablett serviert wurden.

LIFE JACKET UNDER
YOUR SEAT

Oben Schnorchler schweben im türkisblauen Wasser bei Kandooma Fushi.

Gegenüber Auch auf Süd-Malé lockt ein Picknick.

Folgende Doppelseite Strandspaziergang im Paradies.

Wir kühlten uns ab und schwebten über frisch gestreute Rosenblütenblätter zum Golfcart, der uns auf eine Tour mitnehmen würde.

Huvafen Fushi ist ein Rückzugsort von der Welt in üppigem Grün, mit Sandpfaden durch die Mangrovenwälder und ausgeblichenen Holzstegen über Untiefen, die ein Dorf heimischer Pfahlhütten im pseudoprimitiven Stil verbinden. Das Resort, sehr auf Privatsphäre bedacht, umfasst nur 44 Unterkünfte.

Beim Dinner erklärte uns der Verwalter Marc Gussing: „Was wir hier bieten, ist Rückzug, ein Traum von Luxus und Ungestörtheit. Obwohl wir nur vier Stunden von Singapur und Dubai entfernt liegen, sind wir dennoch weit weg von allem."

Ich fragte ihn nach den Schwierigkeiten in einem streng islamischen Land für ein derartiges Luxusresort. Beispielsweise rühmt Huvafen Fushi sich des größten Weinkellers im Indischen Ozean, einem klimatisierten Raum mit Flaschen des Jahrhundertweins Romanée-Conti, von denen eine knapp 27 000 Euro kostet. Ich fragte, ob es jemals Probleme mit der Regierung gegeben habe. „Wenn es möglich ist, auf einer Sandbank einen Weinkeller für 6000 Flaschen zu halten, kann man wirklich nicht behaupten, dass die Regierung nicht mitspielt", antwortete er lächelnd.

Auf den Malediven umfasst die Tourismusbranche über 100 Resorts, von denen 30 zur Luxuskategorie zählen und mit Annehmlichkeiten wie Limonen-Ingwer-Salz-Peeling und ungestörtem Stranddinner unterm Sternenhimmel locken. Jährlich kommen vier bis fünf Resorts hinzu. Die meisten Kunden sind Europäer – Briten und Italiener –, zunehmend auch Chinesen.

Randnotiz: Wetterkapriolen und ansteigende Meere als Folge des Klimawandels bedrohen die Existenz der Malediven. Da die mehr als 1000 Inseln im Schnitt nur 1,5 m über dem Meer liegen und höherliegender Grund fehlt, dürfte ihre Überflutung nur eine Frage der Zeit sein.

Früher basierte die maledivische Wirtschaft auf der Fischerei, heute wäre sie ohne den Tourismus wohl am Ende. Immerhin erzielt die Regierung nach amtlichen Angaben die Hälfte ihrer Einkünfte hieraus.

Ähnlichen Luxus erlebten wir im Naladhu Resort auf Süd-Malé und später im Holiday Inn auf der Insel Kandooma Fushi.

Ganz alleine schwammen wir an leeren Stränden und spazierten unbeschwert unter Palmen. Zum Ende unseres Besuches wollte ich jedoch herausfinden, was auf den Malediven außerhalb der Glasglocken der Luxusresorts zu finden war. Deshalb organisierte ich eine Fahrt zur resortfreien Insel Guraidhoo.

Mit seinen unbefestigten Straßen und frei laufenden Hunden ist Guraidhoo die Heimat von ungefähr 2000 einfachen Maledivern, die bei meiner Ankunft gefühlt mehrheitlich am Strand in Hängematten ruhten. Mein Führer Imran Janeen zeigte mir gerne das Hospital von Guraidhoo und die heruntergekommene Schiffswerft, auf der 20 Männer an großen Holzjachten arbeiteten – natürlich mit freiem Oberkörper. Imran Janeen zufolge gibt es auf der 16 ha kleinen Insel drei Moscheen, sieben Gasthäuser, acht oder neun Restaurants (je nach Saison) und 50 Souvenirläden.

Nachdem ich wohl ein Dutzend dieser Läden gesehen hatte, kehrten wir in ein kleines Restaurant ein. Jetzt, am frühen Nachmittag, zirpten Grillen, und von der Straße wehte eine salzige Brise durchs Fenster. Der Kellner nahm die Bestellung auf, schaute aber verstohlen zur Bar. Ich sah hinüber und erblickte dort zwischen Tee- und Orangenlimoflaschen ein Spalier von Kingfisher-Bier.

Ich verzichtete, und Imran schien das zu freuen.

DIE PERLE IM INDISCHEN OZEAN

Lange Zeit Liebling der oberen Zehntausend, lockt Mauritius heute auch weniger betuchte Reisende.

TEXT VON SETH SHERWOOD
FOTOS VON BÉNÉDICTE KURZEN

Seite 52 Blumen und Berge säumen die Fahrt zur Teeplantage Bois Chéri.

Links Ein Drache kommt zum verspäteten Neujahrsfest in Grand Baie. Kreolen, Inder und Chinesen stellen die drei größten Ethnien in Mauritius.

Gegenüber Farbenfrohe Strände ziehen viele Käufer in die überdachten Gänge des Marktes in Port Louis.

An diesem Ort, nahe dem Wendekreis des Steinbocks, blies ein warmer Wind durch die alte französische Kolonialstadt Mahébourg, er fegte über die gezackten braunen Hügel und ließ die grünen Zuckerrohrfelder aufrascheln. Nach dem Morgenschauer trug er den typischen Geruch feuchter Vegetation, er strich seewärts und kräuselte sanft das durchsichtige curaçaoblaue Wasser des Indischen Ozeans um unser langsam tuckerndes Boot.

Mein Tauchlehrer Hans Nobin, ein umgänglicher Mauritier und 25 Jahre alt, stoppte den Motor. Von nahen Glasbodenbooten glitten Gruppen sonnengebräunter europäischer Touristen zum Schnorcheln ins Wasser. Wie wir wollten sie die atemberaubenden Korallenriffe um die Insel entdecken. Familien in leuchtenden Badeanzügen lagen wie hingegossen auf dem weißen, feinen Sandstrand der Blue Bay.

Am sicheren Ankerplatz kippten wir rücklings ins Meer. Das quecksilbrige Wasser nahm uns auf und schloß sich über uns, und wir sanken in eine unirdische Stille. Hans führte mich über bizarre weiße Korallenfelder und riesige schwankende Seeanemonen. Dann holte er ein Stück Baguette hervor, und sogleich strömten von überall kleine grellbunte Fische zum Knabbern heran. Um uns schwebte eine vielfarbige Wolke aus Dreifleck-Preußenfischen, Halfterfischen und rot-silbernen Zweifarben-Schweinslippfischen. Sonnenlicht drang durch das aquamarinklare Wasser zu uns.

Über Jahrzehnte galt Mauritius – Perle des Indischen Ozeans – als eines der exklusivsten Inselrefugien. Der britische Prinz William, Prinzessin Stéphanie von Monaco, J. K. Rowling und Robert De Niro wurden schon beim Urlauben in den superluxuriösen Resorts gesehen. Seit einigen Jahren jedoch locken erschwingliche Oberklassehotels und bessere Flugverbindungen auch Reisende, die nicht vor Paparazzi fliehen müssen.

Meine Erkundungsfahrt begann in Grand Baie an der Nordspitze, wo Reihen von Hotels am Strand, Tauchschulen, Souvenirläden und Restaurants eine quirlige Mischung bilden. Von dort brachte mich der Kleinbus eines Tourenanbieters über Serpentinen durch ausgedehnte Zuckerrohrfelder und verwaschen grüne Hügel zum Motorboot für die kurze Fahrt zur Schwesterinsel Île aux Cerfs, einem richtigen Schmuckstück.

Die Île aux Cerfs wird vom Fünf-Sterne-Resort Le Touessrok beherrscht. Gewöhnliche Reisende dürfen sich freuen, dass alle Strände auf Mauritius öffentlich sind. Ich breitete mein Handtuch auf dem weißen Sand unter einem Sonnenschirm mit der Aufschrift „Reserviert für Gäste von Touessrok“ aus. Binnen Minuten begehrte ein Hotelangestellter ganz in Weiß Auskunft, ob ich Hotelgast sei. Verneinend wartete ich auf seinen Platzverweis, doch er nickte bloß freundlich. Mein Handtuch und ich blieben.

Bald erschienen Horden von Eindringlingen anderer Reisefirmen. Kleidung wurde durch breitkrempige Hüte

Oben Götter, Bilder und Tempel bei Grand Bassin, dem großen Hindutempel auf Mauritius.

Gegenüber Blick auf Bois Chéri, eine Teeplantage aus dem 19. Jahrhundert.

Folgende Doppelseite Die Unterwasserlandschaft bei Mahébourg aus der Taucherperspektive.

ersetzt, und eine ganz eigene Stimmung formte sich aus dem Duft von Kokosöl, dem Wohlgeruch der Koniferen und den französischen, italienischen, deutschen und holländischen Gesprächsfetzen. Einige der Tagesausflügler stürmten die Freiluftbar von Le Touessrok und tranken mit den Gästen Kiwi-Caipirinha. Andere verschwanden im nahen Kunstgewerbemarkt oder mieteten Glasbodenboote. Meine Gruppe buchte eine eindrucksvolle Bootsfahrt zu einem Wasserfall, dazu einen Lunchstopp auf einer anderen Insel.

Der nächste Tag führte mich in die Stadt Mahébourg zu dem verzaubernden Tauchgang am Blue Bay Beach.

Ein andermal entstieg ich in der Hauptstadt Port Louis einem schnaufenden Bus. Mark Twain beschreibt Port Louis in seinem Reisebericht *Dem Äquator nach* als „eine kleine Stadt mit der größten Vielfalt an Nationalitäten und Hautfarben, die uns bislang begegnet ist“. Sein 1896 beschriebenes Völkergemisch besteht zweifellos immer noch. Die Stadt selbst ist ein Mix aus schindelgedeckten Wohnvierteln, Kolonialvillen, großen Plätzen wie in Frankreich und wenigen Hochhäusern. Lastwagen mit aufgemalten Hindugöttern hupten und stotterten an indischstämmigen Frauen in Saris vorbei, die im hier üblichen Kreolisch Grüße mit afrikanisch-kreolischen Familien austauschten. Jenseits von Chinatown sah ich die cremefarbene Jummah-Moschee von 1850. Auf dem Marktplatz der Stadt boten Stände Bollywood-DVDs, Handtrommeln, Haifischkiefer, Muscheln, Dörrfisch, Paschminaschals und Weihrauch feil.

Mit dem billigen öffentlichen Bus fuhr ich nach Süden zum Küstenort Flic en Flac, zu einem Strand voller mauritischer Familien auf Wochenendausflug. Auf Handtüchern

Randnotiz: In der ehemals niederländischen, französischen und schließlich britischen Kolonie Mauritius ist die Amtssprache heute Englisch. Mauritius liegt fast 2000 km vom Festland entfernt und ist damit der entlegenste Staat Afrikas.

und unter Zelten lagen sie, spielten Karten oder Domino. Auch Jamsessions ganzer Familien sah ich, mit Brüdern, Schwestern, Onkeln und Tanten an den Instrumenten.

Üppig mit weichem Sand und reichlich Platz gesegnet erstreckt sich kilometerlang der Strand am türkisfarbenen Meer, bis sich dann die ersten Großhotels für die Ausländer mit Geld in den Taschen vordrängen. Dahinter folgt die berühmte Tamarin Bay mit ihren Delfinen und Wellen für die Surfer. Weiter die Küste entlang stößt man auf eine schroff aus dem Meer aufragende Landzunge, Le Morne Brabant. Vor langer Zeit war sie Zufluchtsort für entflohene Sklaven der Zuckerplantagen.

Einen Tag nahm ich mir für die Erkundung des Inlands, mit dem Taxifahrer als Führer. Wir rollten durch Felder mit flammend roten Blüten und ausgedehnten Hainen von Litschibäumen, die sich unter der Last ihrer lila Trauben beugten. Bei Bois Chéri, einer Teeplantage aus dem 19. Jahrhundert, sahen wir Arbeiter auf den grünen Feldern; im kleinen Museum vor Ort konnten wir seltsame Geräte zur Teebereitung im 19. Jahrhundert bestaunen.

Tiefer im Innern der Insel wurde in der Ferne ein gewaltiger langhaariger Mann sichtbar, kupferfarben und mindestens 30 m groß. Das war Shiwa, der Hindugott; hinter der Statue erstreckte sich ein ruhiger, tempelumsäumter See. Wir waren am Grand Bassin angekommen, der heiligsten Stätte auf Mauritius.

Im Tempel läuteten Glocken, stechender Weihrauch erfüllte die Luft, während Hindus sich anstellten, um ihre Stirn mit roter Farbe salben zu lassen. Weit hinten über den Seen, Wäldern und Feldern dämmerte schon das Sonnenlicht. Und die Resorts der Küste könnten nicht ferner sein.

NUR AUF MADAGASKAR

Lemuren sind nicht die einzige Überraschung in diesem Ökosystem der botanischen und zoologischen Wunder.

TEXT VON JEFFREY GETTLEMAN
FOTOS VON ROBIN HAMMOND

Seite 60 Piraten sind auf Sainte-Marie längst Geschichte, die tollen Strände blieben.

Links und gegenüber Lemuren im Andasibe-Mantadia-Nationalpark sind der Hingucker in Madagaskars einzigartiger Tierwelt.

Einen seltsameren Laut hatte ich noch nie gehört. Beim ersten Frühstück auf Madagaskar, auf der Veranda unserer Dschungelhütte nahe dem Andasibe-Mantadia-Nationalpark, während wir uns gerade unser belegtes Baguette schmecken ließen, schreckte uns ein bis ins Mark erschütternder Schrei aus der üppig grünen Wildnis hoch. Ein bisschen wie der Paarungsruf der Wale. Oder wenn man einen Luftballon quetscht und die Luft rausfiept. Oder ein quietschendes Metallrad ohne Schmiere. Nie zuvor hatte ich Ähnliches gehört: ein langes, sehnsüchtiges melodisches Klagen aus dem Wald.

„Was war das denn?", fragte Courtenay, meine Frau. „Das ist ja richtig geisterhaft!"

Unser Zweijähriger zeigte mit seinem Patschfinger Richtung Berge und prustete: „Is das?"

Kaum hatte ich mich versehen, befand ich mich im tiefsten tropischen Regenwald inmitten von Lianen und Schlangen und folgte unserer unermüdlichen Führerin Monique auf der Suche nach dem Urheber des Schreis: dem scheuen Indri-Lemur.

Wie viele andere Säugetiere, Insekten, Bäume, Pflanzen und Reptilien (etwa feuerrote Tomatenfrösche und Geckos in Blatttarnung) sind Indri-Lemuren hier endemisch. Die Abtrennung von Afrika vor 160 Millionen Jahren hat die Insel zu einer 1600 km langen Petrischale geformt. Ihre seltenen und ungewöhnlichen Tiere und Pflanzen sind ein Traum jedes Naturforschers.

„Schaut nur!", sagte Monique plötzlich. Eine ganze Familie Diademsifakas (eine bedrohte Lemurenart) tollte in den Bäumen und tat sich mit ledrigen, geradezu menschlichen Händen an Blättern gütlich, unbeeindruckt von den Touristen unter ihnen auf dem Boden.

Noch vor 2000 Jahren war Madagaskar unbewohnt. Völkerkundler vermuten, dass Wagemutige aus Südostasien Tausende Kilometer Meer mit Kanu und Segel überwanden und hier siedelten. An den Reisfeldern, den breiten Hutkrempen und den dampfenden Nudelschalen im Straßenverkauf zeigt sich heute noch das Erbe Asiens. So findet sich die nächste verwandte Sprache des einheimischen Malagassi auf Borneo.

Hinzu kommt französisches Kolonialerbe: köstliches Feingebäck, Boutiquehotels unter französischer Leitung und Französisch an jeder Straßenecke. Doch außer der großartigen Küche hat Frankreich dem Land nichts in die Unabhängigkeit mitgegeben. Madagaskar ist beklagenswert arm heute und politisch ein Zunderfass. Überall in diesem Land sahen wir Armut, obwohl Saphire, Rubine, Holz, Öl und nicht zu vergessen Vanille enormes Potenzial für Wohlstand bieten.

Von der Zwei-Millionen-Hauptstadt Antananarivo waren wir zum Nationalpark gefahren. Die kurvigen Straßen, 40-jährigen Rolldach-Enten als Taxis und knallbunten Häuser – violett, blau, kastanienbraun, orange, gelb und schwarz – hatten wir hinter uns gelassen. Farben mag

Vorige Doppelseite Große Natur ganz klein.

Gegenüber und oben Sandstrände aus dem Bilderbuch betören den Besucher auf der Insel Sainte-Marie.

Oben Im Wald ist viel Platz für Grün: das Ökohotel Vakona Forest Lodge.

Gegenüber Im Nationalpark Andasibe-Mantadia gehört das Blätterdach den Lemuren.

Folgende Doppelseite Dampfende Natur in Madagaskars tropischem Regenwald.

man hier. Auf der Straße durch die üppig grünen Felder erspähte ich gar einen rosaroten Traktor. Gegen Abend erreichten wir den Park. Hier gibt es verschiedene Lemurenarten einschließlich des Indri-Lemuren, dessen Name auf Malagassi einfach „Schau dort!“ heißt. Offenbar hat der erste Europäer, der Lemuren von seinem einheimischen Führer gezeigt bekam, die Aufforderung „Indri! Indri!“ als Name übernommen.

Die bezaubernden Lemuren ähneln Affen und leben nur auf Madagaskar, vorwiegend tief versteckt im Dschungel. Der Indri sieht aus wie vom Autoverwerter des Tierreichs zusammengebaut: Waschbärschnauze, Pavianbeine, Koala-Ohren, pelzbesetztes Endrohr als Schwanz und schwarz-weißer Stinktierpelz.

Nun bringt Lemurengucken den Puls nicht auf 180, aber es erlaubt einen tiefen, behutsamen Einblick in die Natur. Die Lemuren sind Grund genug, um in kühler Luft durch unberührten Regenwald zu wandern und die warme Sonne an kristallklaren Flüssen zu genießen. Als ich den Wald betrat und still dem Pfad folgte, fühlte ich es: Die Natur hatte mich umfangen. Madagaskar ist ideales Trekkingland, die Schlangen sind ungiftig, und große Raubtiere gibt es nicht.

Auch in den Städten fühlte ich mich sicher, selbst in Antananarivo. Sicher gibt es Straßenkriminalität, aber man sieht kaum ein vergittertes Fenster und keine martialisch gerüsteten knüppelschwingenden Security-Leute wie in manch anderer afrikanischer Großstadt.

Richtig gute Strände gibt es natürlich auch. Etwas Zeit verbrachten wir vor der Küste auf der verlockenden Insel Sainte-Marie. Früher war sie ein Piratentreffpunkt; heute zieht sie Schatzsucher an. Wir begegneten einigen ameri-

Randnotiz: Madagaskars einzigartiges Ökosystem zeigt sich nicht nur an den Lemuren; es gibt feuerrote Tomatenfrösche, Geckos in Blatttarnung, fauchende Schaben, Madagassische Riesenratten und tellergroße Nachtfalter. Dazu kommt das Pflanzenreich, zum Beispiel die merkwürdig welligen Wüstengewächse, die an Unterwasserpflanzen erinnern.

kanischen Tauchern, die sich im tiefblauen Meer kurz vor der Entdeckung von Captain Kidds berüchtigtem Piratenschiff wähnten. Überall gab es leere Strände mit weißem Sand, vor denen im Morgengrauen Pirogen über die Untiefen glitten. Kleine Jungs gingen mit dem Fang von Tür zu Tür hausieren. Die ganzen 64 km der Insel kann man mit dem Fahrrad unter Palmen auf einer glatten gepflasterten Straße erkunden.

Wir besuchten auch das Berenty Private Reserve an Madagaskars Südspitze. Der Ort ist alles andere als luxuriös, allein der Weg dorthin ist anstrengend (zwei Stunden Flug von der Hauptstadt, gefolgt von knochenbrechender Drei-Stunden-Fahrt). Doch die Lemuren – darunter die tanzenden Larvensifaka – machen alles wett.

Dutzende dieser Lemuren weckten uns am Morgen vor unserem Bungalow. Sie tollten herum, verschlangen grüne Beeren, sprangen von Baum zu Baum, balancierten mit rudernden Stubbelarmen und unbeholfenem Hüftschwung auf den Hinterbeinen wie ein Yeti.

Beim Frühstück beobachteten wir, wie sich gleich acht Exemplare neben unserem Tisch breitmachten. Wie auf ein geheimes Zeichen sprangen sie plötzlich alle auf und machten sich gemeinsam über den Frühstückstisch her. Damit begann das Lemurenchaos. Einer landete auf meinem Schoß und riss mir die Baguettestange aus den Fingern, sein Kumpel schnappte sich den Frühstückskuchen. Ein anderer peilte erst die Lage, dann griff er sich den Zuckertopf. Ich schwöre, dass ich in seinem kleinen Pelzgesicht die pure Naschlust sah, als er seine winzigen Hände in den Zucker schob und sich dann das Maul damit vollstopfte.

DAS WILDE UND DAS ZAHME KAPSTADT

Pinguine am Strand, Paviane im Schrank und Cabernet im Weinberg – Südafrikas Küste ist voller Gegensätze.

TEXT VON JOSHUA HAMMER
FOTOS VON BÉNÉDICTE KURZEN

Seite 72 Auf dem Gipfel am Kap der Guten Hoffnung: der Leuchtturm Cape Point.

Links Der Kapstadter Ortsteil Bo-Kaap wurde früher „Malay Quarter" genannt.

Gegenüber Die Landungsbrücke in der Kalk Bay.

Folgende Doppelseite Angler nutzen Felsen und Brandung in der Kalk Bay.

Noordhoek Beach, 8 km weißer Sandstrand an der Atlantikküste der Kap-Halbinsel, 24 km südwestlich von Kapstadt. Hier endet die bewohnte Welt. Es war vier Uhr nachmittags, die Sonne schien schwach durch den bedeckten Himmel, und ich war gemeinsam mit einem Freund im Sattel unterwegs, auf einem schmalen Pfad durch Dünen und Feuchtgebiete. Nebenher wateten ein langschnäbeliger Ibis und ein Nilgans-Paar.

Als wir einen mit knorrigem Treibholz und Kelp übersäten Strand erreichten, fielen die Pferde erst in Trab und dann in Galopp. In der Ferne ragte eine gewaltige Klippe mit auffälliger Schichtung fast senkrecht über dem Meer auf, ihre grüne Flanke durchzogen vom berühmten Chapman's Peak Drive, einer der atemberaubendsten Panoramastraßen der Welt. Seemöwen, Kormorane und Klippen-Austernfischer verdunkelten den Himmel.

Es gibt Wildnis in Kapstadt. Weiter Himmel, zerklüftete Schluchten, scharf ausstreichender Sandstein und Granit erheben sich an Afrikas Spitze über dem eisigen Südatlantik. Pinguine watscheln über weiße Strände, Elenantilopen durchstreifen die Dünen, und hungrige Paviane verlassen ihr bedrohtes Waldhabitat, um die Vorratsschränke der Vorstädter zu leeren.

Mit seiner grandiosen Landschaft und dem Gefühl von Abgelegenheit überwältigt Kapstadt den Besucher. Ein Albtraum für Agoraphobie-Geplagte und ein Traum für Naturforscher. Doch es gibt eine zahmere Seite, und der Kontrast erfrischt. Die Weinberge und die schmucke Stadt auf den fruchtbaren, sonnenverwöhnten Böden im Constantia-Tal gehen auf die holländischen Kolonisten vor 350 Jahren zurück.

Mitte November, zu Beginn des südlichen Sommers, kehrte ich an den Ort zurück, wo ich vor einigen Jahren gelebt hatte. Ich wollte ihn neu entdecken. Die ersten zwei Nächte ließ ich es krachen und quartierte mich im elegant ausgestatteten Constantia ein, direkt an der historischen Weinstraße des Kaps.

Früh am ersten Nachmittag begab ich mich auf den Ou Kaapse Weg (Alte Kapstraße). Zweispurig kurvt er steil durch den baumlosen Steenberg, eine Hügelkette, die mit heideartigen Hartlaubgewächsen bedeckt ist. Der Fynbos ist endemisch in dieser windigen Ecke der Welt. Schon bald senkte die Straße sich zur Küstengemeinde Noordhoek hinab.

Ich wollte in der Foodbarn einen Freund treffen, den südafrikanischen Human-Rights-Watch-Ermittler Peter Bouckaert. Die Foodbarn ist ein Spitzenbeispiel für den kulinarischen Neubeginn dort. Das Tagesmenü zum Festpreis umfasste knackige Garnelen mit Avocadosalat, gegrillten Lachs auf gestampften Nicolakartoffeln und Milchkaffee auf Eis. Der Rand-Wechselkurs schwankt; zu der Zeit war er in Euro besonders günstig, und das hervorragende Mittagessen für zwei blieb einschließlich des Sauvignon blanc unter 50 Euro.

GARY
KB 106 TP8

Oben Ein Langustenfischer unterwegs zum Meer am Platboom Beach.

Gegenüber In der Kalk Bay trennt eine Mauer die Ruhe vom Sturm.

Folgende Doppelseite Platboom Beach am Kap der Guten Hoffnung.

Nach zwei Luxusnächten im Constantia zog ich einige Kilometer nordwärts in ein Bed & Breakfast in Bishopscourt, der exklusiven südlichen Vorstadt. Die Landschaft und das Klima sind hier ganz anders. Auf die dicht bewaldete Ostseite des Tafelbergs fällt mehr Regen als irgendwo sonst auf der Kap-Halbinsel. Die Vorstädte an seiner Flanke sind voller Bougainvilleen, Frangipani, Eukalyptusbäume und Dattelpalmen. Mein Zimmerfenster ging auf Kirstenbosch hinaus, dem berühmten Botanischen Garten. An diesem Ort werden die Gegenpole Kapstadts bildhaft sichtbar. Der Tafelberg im Hintergrund mit seinen verwachsenen Bäumen, die sich an den rauen Sandstein klammern, strahlt die urwüchsige Kraft der Natur aus, wohingegen der Garten mit seiner makellos durchkomponierten Landschaft die ordnende Hand des Menschen offenbart.

Auf den Kies- und Schotterwegen spazierte ich an gepflegten Rasenflächen, Gärten mit Proteen, Erika- und Seilgrasgewächsen und anderen urtümlichen Pflanzen der Kap-Halbinsel vorbei. Ich ging durch üppige Haine mit Bäumen des südlichen Afrikas, darunter Yellowwood, Kohlbaum, Silberbaum, Schlangenwurz und Seidenpflanzen. Ich hätte sogar weiter den Wegen von Kirstenbosch aus folgen können, denn sie führen über steile Wanderpfade bis hinauf auf den Tafelberg.

Am Abend speiste ich in Gesellschaft im Bizerca, einem der vielen Oberklasserestaurants, die einst heruntergekommene Ecken der Stadt beleben. Es war brechend voll, mit spürbarer Vitalität. Wir bestellten den hiesigen Chenin blanc und teilten uns köstlichen Salat aus Roter Bete, Ziegenkäse und Rote-Bete-Sorbet als Einstieg, gefolgt von Königskrabben und Schweinebauch auf Süßkartoffelpüree.

Randnotiz: Für den ersten Überblick empfiehlt sich die Seilbahnfahrt zum Wahrzeichen der Stadt, dem 1085 m hohen Tafelberg. Der atemberaubende Ausblick über die Tafelbucht, die Stadt und die spektakuläre Landschaft jenseits seiner Südflanke vermittelt eine gute Orientierung.

Als Hauptgang gab es Hähnchen aus Freilandhaltung mit würzigen Kichererbsen und zum Dessert Himbeersorbet.

In den nächsten Tagen frischte ich alte freudige Erinnerungen auf – Sonnenuntergang auf dem Lion's Head, Chili-Garnelen in meinem mosambikanischen Lieblingsrestaurant – und entdeckte neue dazu. Als ich durch Wiesen und Kiefernwälder bei Silvermine im Tafelberg-Nationalpark wanderte, konnte ich die dichten Nebel sehen, die von False Bay herüberkrochen. Ich genoss das Castle-Bier und schaute mit einem Freund in seiner Stammkneipe südafrikanisches Kricket.

Am letzten Tag fuhr ich mit Peter Bouckaert zum Kap der Guten Hoffnung, um den ganzen Tag am Fuß der Welt nach Hummern zu tauchen. Die Brandung donnerte gegen den geschwungenen Felsenstrand. Ein Paar Blessböcke trotteten mit traurigen Augen und gesenkten Köpfen durch die Dünen. Drei Strauße zupften an ein paar spärlichen Büscheln Strandgras.

Ich zwängte mich in den Taucheranzug mit Haube, tauchte ab und durchkämmte blind das Seetanggewirr nach Krebstieren; erfolglos, denn Stürme hatten den Schlick aufgewirbelt. Kein Hummer zum Abendessen. Aber wir waren hier, klammerten uns an die Felsen, erlebten die Wellen und konnten einige Wellenreiter etwa 100 m weit draußen beobachten.

Tief stand die afrikanische Sonne und blendete uns mit ihren Reflexen auf dem Atlantik. Ausgestreckt am Strand beobachtete ich die Kormorane beim Tauchen, dabei ließ ich mich von der Nachmittagssonne wärmen. Schließlich packten wir unsere Seesäcke und machten uns mit leeren Händen, aber dennoch zufrieden, auf den langen Marsch zurück zu unserem Wagen.

WANDERN, WO WALES AUF WASSER TRIFFT

Auf dem 1400 km langen Pfad entlang der walisischen Küste wandert man von Klippe zu Klippe und von Hafen zu Hafen.

TEXT VON DOMINIQUE BROWNING
FOTOS VON HAZEL THOMPSON

Seite 82 Unauffällig folgt der Pfad der Küste bei Marloes Sands auf der gleichnamigen Halbinsel in Wales.

Links In Dale schläft man im Bed & Breakfast des Herrenhauses Allenbrook.

Gegenüber Der Strand bei Broad Haven hat Platz für Menschen mit und ohne Pferd.

Ausgedehnte Wanderungen sind der Himmel für mich. Stunden vergehen, Gedanken fliegen. Lange bedeuteten mir erwanderte Kilometer nichts, bis ich eine Biografie über Johann Sebastian Bach las. Es machte ihm nichts aus, Hunderte von Kilometern zu laufen, um eine neue Orgel zu spielen oder um eine neue Anstellung zu finden. So wollte auch ich zu Fuß von einem Ort zum anderen gehen.

Genau deswegen machte ich mich zum Wandern in Wales auf. Wohl jeder trägt tief in sich eine Liste von Sehnsuchtsorten. Bei mir stand Wales ganz oben. Saftig grün, mystisch, umrandet von Klippen und gespickt mit Schlossruinen. Als ich erfuhr, dass Wales als erstes Land der Welt einen offiziellen Küstenwanderweg mit 1400 km Wanderstrecke hat, musste ich hin. Besonders der Pembrokeshire Coast Path in Südwales zog mich an, mit steilen Klippen direkt am wogenden Meer. Frances Palmer, eine Freundin, würde mich begleiten.

Am Startpunkt Milford Haven fragten wir Jayne Hancock, die Besitzerin unseres Bed & Breakfast, nach den Wegen. Ob sie schön seien? „Aber ja", antwortete sie. „Nicht wie Ihre Bürgersteige in New York. Eher wie die Pfade, die das Wild im Gras hinterlässt. So sehen sie aus." Und sie ergänzte: „Wissen Sie, Sie müssen nehmen, was immer sich Ihnen bietet."

Am nächsten Morgen beeilten wir uns, im Septembernieselregen die Trittsteine über die Mündung des Flusses Gann nahe dem Örtchen Dale zu erreichen. 6 km entfernt, und die Flut wartete nicht. Unser sanfter Weg führte über flache Klippen. Ringsherum blühende Wiesen, duftende Kräuter und kräftige, smaragdgrüne Grasbüschel wie ich sie kaum je zuvor gesehen hatte. Wo ich auch hinschaute, erspähte ich Blumen, die ich in meinem Garten mühsam zog, wie die rot und violett blühende Fuchsie, doch hier waren es beeindruckende Sträucher mit überhängenden Trieben. Brombeerranken ächzten unter der Last ihrer Früchte.

Nichts konnte unsere Begeisterung für die blendende Schönheit der Küste, nichts unsere Beschwingtheit angesichts der grenzenlosen Wanderfreuden mindern, auch nicht das zunehmende Nieseln. Tief sogen wir die feuchtfrische Luft ein und fanden bald unser Schritttempo. Schaumkronen zogen durch die Bucht, als wir Dale erreichten, und nach einer 9 km langen Schleife um das Halbinselchen kehrten wir im nächsten B&B ein.

Beim Einschlafen wurde mir plötzlich bewusst: Zum ersten Mal in meinem Leben war ich zu Fuß von einem Marktflecken zum nächsten gegangen. Ein herrlich erhebendes Gefühl von Stärke und Kraft durchflutete mich.

Am nächsten Morgen weckten uns Regentropfen, die gegen das Fenster klopften. Beim Frühstück sagten zwei Seeleute am Nachbartisch deftige Regenschauer vorher. „Heut wirds ganz schön nass", versprach einer. „Aber das macht ja nichts! Es gibt ja kein schlechtes Wetter, nur schlechte Kleidung."

Oben Dieses Zeichen auf der Marloes-Halbinsel nimmt man besser ernst.

Gegenüber Auf der Halbinsel St. Davids bieten die Klippen brütenden Dreizehenmöwen Schutz.

Folgende Doppelseite Die Kathedrale von St. Davids.

Beide waren in der Tat gut gerüstet. Jeder Zentimeter wasserdicht, die Rucksäcke in Plastikhüllen, die an Abdeckungen für Klimaanlagen erinnerten. Unsere Baumwolljacken und weiten Hosen beäugten sie skeptisch.

Wir marschierten los auf den 22 km langen Abschnitt bis Broad Haven. Nun, es zog sich, und das lange Gras an den schmalen Wildpfaden verbarg so manche Fußangel. Als Wind und Regen zunahmen, kramten wir in unseren Rucksäcken nach zusätzlichem Regenschutz – ohne Erfolg. Dafür waren die Felsformationen entlang der Küste umso beeindruckender, Millionen Jahre der Brandung hatten eine schroffe Landschaft geformt. Warnschilder zeigten abstürzende Menschen und Geröll. Das war eine klare Ansage, auch ohne Worte: Klippen töten.

Mit einem Kloß im Hals bestaunten wir die grandiose geschwungene Küstenlinie, doch es waren die winzigen Wunder, die uns innehalten ließen: Schnecken, die majestätisch durch ihr Grasreich krochen. Bröckelnde Trockenmauern, durchsetzt von frischen Blüten. Unermüdlich begleitete uns die donnernde See, die hoch über Felsen wogte und dahinter niederdonnerte.

Wir trafen Wanderer, die uns von ihren Vorbereitungen für den Trip erzählten. Manche mieteten Wagen, fuhren zum Startpunkt und wanderten einige Tage, kehrten dann per Bus zurück. Andere empfahlen ihre Lieblingsausrüster. Sie alle waren schon in verschiedenen Gegenden Großbritanniens gewandert, einige konnten die spektakuläre Klippenlandschaft Cornwalls empfehlen. Ganz Großbritannien wird von Wanderwegen durchzogen, und Jung und Alt sind draußen unterwegs, bei Wind und Wetter.

Als wir am nächsten Morgen zur Ortschaft Solva aufbrachen, 17 km entfernt, schüttete es. Meine Jacke wurde

***Randnotiz:* Wildbeobachtung ist einer der Höhepunkte auf dem walisischen Küstenweg. Auf den Felsen wälzen sich Seehunde mit Welpen, Delfine surfen gegen die wilde Kanalströmung, und Seevögel schweben über den Wellen. Als wichtiger Brutplatz für viele Vogelarten sind die Klippen von Pembrokeshire ein Traum für Ornithologen.**

zum Schwamm, meine Stiefel zu Wasserkübeln. In einer Kneipe kehrten wir ein und setzten uns triefnass neben einen schwachen Gaskamin mit Blick auf den Wetterbericht im Fernsehen. Wir hatten unsere Wales-Wanderung in den schlimmsten Septemberregen seit 30 Jahren gelegt.

So lernten wir den effektiven Puffin Shuttle kennen und schätzen. Dieser Bus fährt die Küste ab und bringt Besucher von Ort zu Ort. Eine ernüchternde Erfahrung ist es, in wenigen Minuten eine stundenlange Wanderstrecke abzufahren. Und eine beglückende.

In Solva kauften wir trockene Sachen und streiften durch das sicher hübscheste Städtchen bislang. Lower Solva mit dem Hafen beschließt eine eiszeitliche Klamm, geformt durch das kraftvolle Gletscherschmelzwasser der Berge. Ein Großteil der Küste von Pembrokeshire entstand auf diese Weise.

Unter nachlassendem Regen und einem Regenbogen zogen wir am nächsten Morgen nach St. Justinian, um von dort landeinwärts zur wohl kleinsten Stadt Großbritanniens zu gelangen: St. Davids mit seiner großartigen Kathedrale. Tief unten sahen wir die Überreste von Häusern, Ziegelöfen und Schieferhalden. Mit Feuerstein durchsetzte Trockenmauern waren zu vorzüglichen Steingärten gealtert. Wir passierten steile Hänge mit Adlerfarn und Heidekraut, gingen über lange weiße Strände und durch grüne Tunnel im Eichenniederwald und kamen an felsigen Anhöhen vorbei.

Der Stolz, es zu schaffen, belebte uns. Die Fußreise von 103 km in fünf Tagen wurde nun, unter der strahlenden Sonne, leichter. Es half auch zu wissen, dass man Schritt um Schritt tatsächlich ans Ziel kommt. Man lernt zu nehmen, was kommt. Und sei es nur der Puffin Shuttle.

BLICK AUF DIE GESCHICHTE DER SCILLY-INSELN

Jäger der Bronzezeit, römische Abenteurer und Schiffbrüchige hinterließen Relikte auf dieser windumtosten Inselgruppe im äußersten Westen Englands.

TEXT VON VALERIE GLADSTONE
FOTOS VON ANDREW TESTA

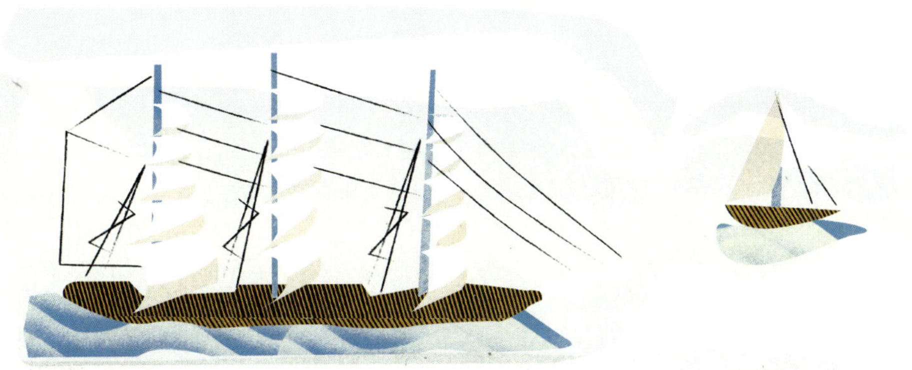

Seite 90 Die Haycocks, ausstreichende Schichtenköpfe auf den Scilly-Inseln vor Cornwall.

Links Ein Bed & Breakfast hat Lokalkolorit auf St. Mary's, der größten der Scilly-Inseln.

Gegenüber Nicht alle Felsen sind bewohnt; hier die Insel Samson.

Folgende Doppelseite Gig-Mannschaften geben alles im Rennen der langen Ruderboote. Die bewohnten Inseln der Scillies veranstalten diese Regatten regelmäßig.

Langsam schälten sich aus dem Dunst um die größte der Scilly-Inseln die leeren Strände von St. Mary's und das kristallklare Meer heraus. Der Blick aus dem Flugzeugfenster zeigte, was Scharen von Besuchern anzieht: Strände und unverdorbene Schönheit. Sie windsurfen, segeln, verfolgen Mannschaftsregatten in langen Gig-Ruderbooten, wandern, fahren Rad oder beobachten Lunde und Lappentaucher durch Ferngläser.

Doch verborgen unter dieser Oberfläche liegt das, was die Scillies von anderen britischen Strandurlaubszielen unterscheidet, und genau das wollte ich sehen: ein einzigartiges Buch der Vergangenheit. Hier findet sich die größte Konzentration archäologischer Fundstellen in Großbritannien, Hunderte dokumentierter Denkmäler aus der Bronze- und Römerzeit, dem Frühmittelalter und der Tudorzeit bis hin zu Wehrbauten aus den letzten 500 Jahren. Vor der Küste liegen gefahrvolle Felsen mit über 700 Wracks, ein bemerkenswertes Grab ungehobener archäologischer Unterwasserschätze, von denen viele noch darauf warten, entdeckt zu werden.

Solche Relikte fügen sich zu einer Reise durch die Geschichte der Inseln, vom Beginn der Besiedlung durch halbnomadische Jäger und Sammler 4000 Jahre v. Chr., als die Scillies („SIL-liis") noch eine einzige Insel waren, bis zu den heutigen Bewohnern, 2200 an der Zahl. Von höherer Warte gesehen öffnen die Relikte gar ein Fenster auf die Geschichte Englands.

Einen schnellen Überblick zur Geschichte der Scillies bietet das Isles of Scilly Museum auf St. Mary's, aber mehr noch der Gang zu einigen wichtigen Fundstellen. Deren Erkundung hat etwas Meditatives, im angenehmen Gegensatz zu den doch lauteren Attraktionen der Küste.

Man muss St. Mary's nicht verlassen, um weit in die Vergangenheit zurückzureisen. Nur wenige Kilometer vom Fähranleger entfernt liegt in der Hauptstadt Hugh Town die Siedlung Halangy Down. Hier findet sich das bedeutendste Zeugnis der Eisen- und Römerzeit auf den Inseln. Ein Reiseführer zeigte mir Steinbrocken, Reste ovaler Häuser, die einmal durch kegelförmige Reetdächer geschützt waren, und Höfe, die auf den steilen, zum Meer abfallenden Grashängen liegen und zwischen 1200 v. Chr. und 300 n. Chr entstanden. Auf einem etwas entfernt liegenden Hügel befanden sich Spuren von prähistorischem Feldbau ähnlich der heutigen Terrassenkultur, ein Beleg für jahrhundertelangen Ackerbau trotz starker und salzlastiger Winde.

Vor den Höfen liegen Ganggräber aus der Bronzezeit, angelegt vor ungefähr 4000 Jahren von den frühen Bewohnern der Scillies, die wohl vom heutigen Cornwall gekommen waren. Diese gemeinschaftlichen Familiengrabstellen sind von massiven Granitplatten bedeckt und jetzt mit samtweichem grünem Gras überzogen. Das Ganggrab Bant's Carn auf dem Hügel über Halangy Down ist das bekannteste. Moosbedeckt, mit sonnengebleich-

Oben Galionsfiguren einiger der 700 bekannten Schiffswracks vor den Scillies. Diese Sammlung ist in den Tresco Abbey Gardens zu besichtigen.

Gegenüber Nicht alle Bewohner von St. Mary's haben nur zwei Beine.

Folgende Doppelseite Auf Bryher wartet man auf dic Fähre. In der Ferne sieht man St. Mary's und St. Agnes.

ten, verwitterten Granitwänden wirkt es wie eine Räuberhöhle für Kinderspiele.

Im Ort auf der felsigen Halbinsel, nahe dem Fähranleger, liegt die Achtersternfestung Star Castle. Bei dem Wort würde man ein großes Bauwerk mit Türmen und Gräben vermuten. Das Star Castle jedoch ist viel kleiner und heute als Hotel weniger imposant, aber es präsentiert der See eine mächtige Front. Es wurde 1593 auf Anordnung Königin Elisabeths I. als Verteidigung gegen Piraten und die Spanier gebaut. Die Insulaner zogen zur Sicherheit in seine Nähe und verließen ihre Niederlassung an der Gegenküste. Mit dem Bau des Hafenpiers 1601 bot der Kontakt zu Händlern einen weiteren Grund, in Festungsnähe zu leben. So wuchs Hugh Town direkt unterhalb der Festung. Zum Hotel wurde Star Castle 1933; im Zweiten Weltkrieg beherbergte es Hunderte Soldaten.

Nur 25 Minuten Bootsfahrt entfernt liegt auf der Insel Tresco der prächtige Garten Tresco Abbey. Geschaffen wurde er im frühen 19. Jahrhundert vom wohlhabenden Augustus Smith. Der hatte erkannt, dass das milde Golfstromklima der Scillies einen exotischen Garten gedeihen lassen würde. Sobald er Monterey-Kiefern und Zypressen aus Kalifornien als Windschutz gepflanzt hatte, konnte er an die Einfuhr von Pflanzen aus den Mittelmeerländern, Neuseeland, Australien, Südafrika, Mexiko, Chile, den Kanaren und Kalifornien denken. Bis heute stehen die Gartenanlage und die Insel selbst unter der Aufsicht seiner Familie und verkörpern seine Vorstellungen. Als ich dort umherging, entdeckte ich leuchtende Blumenbeete an jeder Ecke, gepflegte Wege, gefällige Skulpturen, eine Sammlung Galionsfiguren und wunderschöne, majestätische Bäume.

***Randnotiz:** Nachdem 1707 vier Schiffe der Königlichen Marine mit 2000 Mann vor den Scillies gesunken waren, lobte das britische Parlament eine Belohnung für eine genaue Längenbestimmung aus. Preisträger wurde der bescheidene John Harrison, seine Geschichte lieferte den Stoff für Dava Sobels Buch* **Längengrad** *und für einen Fernsehfilm.*

Vom 11. bis zum 15. Jahrhundert lebten in der heute bis auf die Mauern verfallenen Old Abbey Benediktinermönche. Ein anderes Artefakt im Garten war ein römischer Altar aus dem 2. oder 3. Jahrhundert, herübergebracht von seinem Fundort auf St. Mary's.

Die wichtigsten historischen Stätten auf Tresco beherbergt Castle Down, der steile, windige und mit Heidekraut bedeckte Norden der Insel. Mit einem Fußmarsch erreicht man die Ruinen des King Charles's Castle und Cromwell's Castle (benannt nach Oliver Cromwell) sowie Relikte prähistorischer Grabstellen, Feldmauern und Gebäude.

Als Reaktion auf eine Drohung der Franzosen von 1550 bis 1554 gebaut, hatte King Charles' Castle zwei Stockwerke mit einer ebenerdigen Geschützbettung und fünf Stückpforten. Heute sind davon nurmehr Reste der Mauern und ein eleganter Torbogen sichtbar. Von dort oben blickt man hinunter zum New Grimsby Harbor, dem 15 m hohen Turm von Cromwell's Castle und der nahen Insel Bryher.

Cromwell's Castle liegt auf einem kleinen Landvorsprung und ist eigentlich eine Geschützstellung, die ab 1651 anstelle des King Charles' Castle den Hafen sicherte. Ich erstieg die Wendeltreppe innen, um für mich alleine einen Blick aufs Wasser zu erhaschen. Oben angekommen war mir, als hätte ich die Segel gesetzt.

Und tatsächlich war ich losgesegelt: durch die Geschichte der Scilly-Inseln.

ABSCHLAG UM MITTERNACHT

Im Tageslicht nach Mitternacht spielt man nahe dem nördlichen Polarkreis auf den norwegischen Lofoten 9-Loch-Golf.

TEXT VON JEFF Z. KLEIN
FOTOS VON JOHN McCONNICO

Seite 100 Ein Sommermorgen um ein Uhr beim 2. Loch von Lofoten Links auf den norwegischen Lofoten.

Vorige Doppelseite Winzige Inselchen um Lofoten Links.

Links Die Fahne am 2. Loch.

Gegenüber Abschlag am 7. Loch gegen zwei Uhr morgens. „Das ist die beste Zeit, Mitternacht oder kurz danach", meint ein golfender Teenager.

Der Chip würde schwierig: 50 m auf ein winziges Grün, das Meer hinter mir, die tiefe Sonne funkelte gold glühend auf dem Wasser. Es war ein Uhr morgens, und die Sonne stach mir in die Augen.

Ich sollte im Bett sein. Aber ich war hier, auf dem viert- oder fünftnördlichsten Golfplatz der Welt, mitten im Sommer. Nach 26 Stunden ununterbrochener Anreise auf 68 Grad Nord, 150 km über dem nördlichen Polarkreis, und erschöpft. Doch die Mitternachtssonne schien, es war angenehme 20 Grad, der Golfplatz war einladend und frei, also warum schlafen?

Wie sagte es Frode J. Hov, der Initiator des Platzes? „Zu dieser Jahreszeit bekommt man regelrechte Energieschübe. Um zwei Uhr morgens fängt man an, die Wohnung zu renovieren."

Selbst jetzt, morgens um eins, war ich nicht der einzige Golfer auf dem Platz. Zwei Jugendliche aus der Umgebung suchten im Heidekraut beim 3. Loch nach dem Ball. Einer meinte: „Ich spiele jeden Tag. Um diese Zeit ist es am besten – Mitternacht oder später." Beim 5. Loch kam Ian, ein Australier, rüber und stellte sich vor: „Ich arbeite im Laden hier, und wenn ich gegen halb eins zugesperrt habe, komme ich her und spiele neun Löcher."

90 Minuten später aber hatte ich den Platz und die Szenerie für mich. Berge in scharfem Kontrast gegen das polare Dreiviertellicht, Felsen, an denen sich das Europäische Nordmeer bricht. Sperlinge und Möwen lärmten, als dämmerte der Morgen, und auf einem sattgrünen Rasen, knapp hinter einem weißen Sandstrand in weniger als 1 km Entfernung, stand einsam ein kleines rotes Haus.

Lofoten Links liegt auf dem Familienbesitz von Frode Hov. Die Idee zu einem Golfplatz gerade hier kam einem Freund der Familie, Frode und sein Vater nahmen sie auf. Viele fanden sie lebensfremd, denn in Skandinavien gab es kaum Golfspieler, das Spiel war im Norden nahezu unbekannt. Aber die Umsetzung gelang in Form eines 9-Loch-Platzes, der in die Natur der felsigen Landspitze integriert ist und bewusst zurückhaltend gepflegt wird. Der Architekt, ein in Schweden lebender Brite namens Jeremy Turner, legte Tees auf kleinen Vorsprüngen, Fairways auf schmalen Landengen und briefmarkenkleine Grüns Zentimeter neben Sandstränden an. Dichte Stechginster- und Kleebestände ließ er stehen. So möchten Schotten vor Jahrhunderten Golfplätze angelegt haben. Golfspieler wurden aufmerksam.

Am nächsten Morgen blies ein frischer Südwind. Von den Bergen rollten große Wolken herab. Ich spielte mit einem holländischen Paar, Chris und Yvonne. Mit einer Fehlkurve versenkte Chris seinen Ball im Meer. Meiner landete auf dem Strand. Yvonne verlor Bälle im Stechginster, in einem Bach, auf einem Rasen mit riesigen Osterglocken, im Gerölll und zwischen den Muscheln am

Oben und gegenüber In Henningsvær, einem Hafen in der Nähe von Lofoten Links, nutzt ein Junge die Bootshelling als Weg. Selbst im Hafen finden Kanuten freies Wasser.

Folgende Doppelseite Der Lofotenhafen Henningsvær von seiner malerischen Seite.

Strand. „Ich schlag meine Bälle wirklich in blöde Stellen", meinte sie nur.

Am Nachmittag spielte ich mit Frode. Bei Nr. 2 zeigte er zu einem Felsen, daneben Sträucher und Torf, abgesperrt mit vier kleinen weißen Pflöcken. „Das ist ein Wikingergrab", bemerkte er nebenbei. „Drüben, bei der 8, liegen noch mehr."

Was, glaubte er, würden wohl die Wikinger über Leute denken, die auf ihren Gräbern Golf spielen?

„Die würden es sicherlich lustig finden", meinte er. „Wikinger, eben."

Durch ihre Lage im milden Nordatlantikstrom sind die Lofoteninseln auf ihren 170 km Länge wärmer als Nordamerika auf der gleichen Breite. In Kanada gibt es in der Tundra nördlich des Polarkreises auch so etwas wie Golfplätze, so in Ulukhaktok (früher Holman) in den Nordwest-Territorien oder temporär auf dem Packeis in Nunavut. Ohne den wärmenden Golfstrom ist das Golfspiel dort aber etwas anders als im skandinavischen Norden.

Von See ist der erste Anblick der Lofotengruppe die sogenannte Lofotenwand, eine massive Bergwand, die gut 900 m aus dem Meer emporragt. Erst wenn man näher herankommt, erkennt man die unzähligen Fjorde, die großen und kleinen Buchten. Die Hauptstadt Svolvær mit ihrem Idealhafen ist von hohen Bergen umgeben.

Während des Urlaubsmonats August füllen sich die engen Straßen der Lofoten mit Deutschen, Schweden und Norwegern, die campen, angeln, sporttauchen, wandern und klettern oder auch nur entspannen wollen. Strände, Buchten, winzige, aber robuste Fischerboote und adrette Bauernhäuser liegen abwechselnd in hellem Licht oder nebligem Dunst, atemberaubende Brücken

Randnotiz: Nur sehr wenige Golfplätze liegen so weit nördlich wie Lofoten Links. In Norwegen gibt es noch Tromsø (69 Grad nördlicher Breite), Narvik (68 Grad), Harstad (68 Grad) und Nordkap (71 Grad). In Schweden liegt Björkliden (68 Grad) am nördlichsten. In Finnland schließlich kann man in Rovaniemi am 6. Loch im Wortsinne über den Polarkreis schlagen.

über die Meerengen verbinden Inseln über die Gezeitenströme hinweg. Überall säumen hübsche Fischerdörfer die Fjorde. Im Zentrum der Inseln liegt Borg mit dem größten jemals ausgegrabenen Wikingerlanghaus und einem Museum über die altnordische Welt.

Seenebel zogen landwärts. Mit Frode stapfte ich das zweiten Fairway hinunter, vorbei an den kleinen weißen Blumen, aus denen bis Juli die Moltebeeren werden, eine Nordlanddelikatesse. „Darüber sind sich Nachbarn schon in die Haare geraten", erzählte er. „Der eine schleicht im schützenden Nebel zum Pflücken aufs Nachbargrundstück, und auf dem Rückweg läuft er prompt dem ebenfalls zurückschleichenden Nachbarn in die Arme."

Später stiegen die Wolken, und alles wurde grau, aber ideal zum Golfen. Um ein Uhr morgens herrschte Spätnachmittagslicht, und wir waren zurück auf dem Platz.

Der Tag darauf war verregnet, und das Klubhaus füllte sich mit Golfern aus Schweden und Norwegen. Golfgeschichten würzten unser Essen. „Bei der 5 hatte ich einen guten Schlag, leider 15 cm zu kurz", sagte ein Einheimischer. „Gut gemacht!", kommentierte ich. „Nicht ganz. 15 cm zu kurz und ins Wasser."

In meiner letzten Nacht ging eine Gruppe für eine weitere Mitternachtsrunde raus. Die Flut überspülte die kleinen Landbrücken zwischen Fairways und Greens, sodass wir die Hosenbeine hochkrempeln mussten. Einen Tee-Abschlag schnitt ich ins Meer und musste grummeln.

Doch bald klarte mein Kopf auf. Die See brandete gegen die Küste. Die Berggipfel hüllten sich in Dunst. Die Möwen segelten über dem sattgrünen Fairway. Im Licht der frühen Stunde standen wir Golfer beisammen und lachten über den Witz, den einer zum Besten gab.

GRANDE PLAGE
DIGUE DU PORT

DIE FRANZÖSISCHE SEITE DES BASKENLANDS

Von der spanischen Grenze bis zum glamourösen Biarritz spricht man noch Baskisch und spielt Pelota.

TEXT VON CHRISTIAN L. WRIGHT
FOTOS VON ANDY HASLAM

Seite 110 Der Leuchtturm an der Hafeneinfahrt zu Saint-Jean-de-Luz.

Vorige Doppelseite Der kleine Fischereihafen im großen Biarritz.

Links und gegenüber Markisen in Bayonne und filigranes Geländer an der Kirche zu Saint-Jean-Baptiste in Saint-Jean-de-Luz. Zwar wohnt die Mehrheit der Basken in Spanien, doch liegen drei der sieben baskischen Provinzen in Frankreich.

An einem warmen Sonntag spät im Oktober schaute der Sommer noch einmal ins Baskenland. Schwimmer gesellten sich zu den Surfern an der Küste. Das Grün des Atlantiks wurde unter der strahlenden Sonne zum Blau. Im Fischerdorf Ciboure strömten die Bewohner aus der Église Saint-Vincent, einer Kirche aus dem 16. Jahrhundert mit eckigem Turm. „Bonne journée!", verabschiedete der Priester seine Gemeinde, die in die engen Gassen hinausdrängte.

Mit den Basken, dem alten Volk mit einer mehrtausendjährigen Geschichte in diesem Winkel Europas, assoziiert man meist Spanien. Doch drei der sieben baskischen Provinzen gehören zu Frankreich. Wenn das baskische Frankreich auch nicht gerade unbekannt ist, so liegt es doch im Schatten von bekannteren Regionen Frankreichs wie der Provence. So sehr die Welt Frankreich liebt – sein Baskenland ist die hübsche kleine Schwester, die beim Tanz sitzen bleibt.

Das baskische Frankreich ist ein kleines Land mit nur 300 000 Einwohnern, gegenüber den zwei Millionen im spanischen Baskenland, aber mit ganz eigenem Charakter und eigenen Traditionen. Seine Geschichte geht auf vorrömische Zeiten zurück; es bietet typische Architektur, großen Stolz und alte Männer mit Baskenmützen in den Kneipen. Die jüngere Generation aber eröffnet Designläden, erfindet die Küche neu oder verjüngt althergebrachte rot-weiße Bauernhäuser.

Ein Baske ist Baske mit jeder Faser, doch bei allem Zusammenhalt gibt es eine natürliche kulturelle Grenze. Anders als im lebenslustigen spanischen Teil herrscht hier vornehme Zurückhaltung.

Auf der Fahrt von Spanien über die französische Grenze bis in die Provinz Labourd konnten meine Begleiterin Gabriella Ranelli und ich den Wandel der Landschaft beobachten. Zerklüftete Gebirgsausläufer der Pyrenäen traten an Stelle grüner Hügel. Vom bescheidenen Ciboure, wo 1875 der Komponist Ravel zur Welt kam, ging es weiter ins nahe Saint-Jean-de-Luz, wo 1660 Ludwig XIV. die spanische Infantin Maria Theresia von Österreich heiratete.

Wir parkten den Wagen und eilten durch enge, steile Gassen zur Rue Gambetta mit ihren Boutiquen. Die Geschirrtücher und Espadrilles aus Saint-Jean-de-Luz sind das Maß aller Dinge. Zu Mittag besuchten wir Le Suisse, eine Brasserie mit Café und Terrasse, an der der Pariser Chef Yves Camdebord beteiligt ist. Aus der Karte mit regionaler Küche wählten wir einen glänzenden Rucola-Salat mit Polenta sowie Garnelen und Schweinefleisch, ein leichtes salziges Surf and Turf.

Ungefähr 20 km die Küste entlang tauchten die Schieferdächer der Villen von Biarritz auf. Bis 1650 war Biarritz ein bedeutender Walfanghafen an der Biskaya. Nachdem Kaiserin Eugénie 1854 ihren Gatten Napoleon III. zum Bau eines Palastes dort überredet hatte, wurde es zum legendären Sommersitz europäischer Königshäuser.

Gegenüber Die Turmspitzen der gotischen Kathedrale Sainte-Marie in Bayonne.

Rechts Eine Brücke in Saint-Jean-Pied-de-Port. Der Name der Stadt bedeutet „heiliger Johann am Fuße des Passes“.

Unten Das farbenfrohe Bayonne ist eine Festungsstadt und zugleich die Hauptstadt des französischen Baskenlands.

Oben und gegenüber Die Festung Socoa und der Hafen von Ciboure, einem unauffälligen Städtchen wenige Kilometer von der Grenze zu Spanien.

Folgende Doppelseite Villen bei Biarritz. Die eindrucksvolle Architektur der Stadt reicht von der Romanik mit der Kirche Saint-Martin aus dem 12. Jahrhundert bis zum Art déco des Gare du Midi. Im 19. Jahrhundert war Biarritz der Treffpunkt für Reiche und Adlige.

Heute erhebt die Brandung es zur Surf-Hauptstadt des Kontinents.

Biarritz zeichnet sich durch seine Architektur aus: die romanische Kirche Saint-Martin aus dem 12. Jahrhundert, ein zum Theater umfunktionierter Bahnhof mit Art-déco-Halle und die Villen mit Türmchen hoch über dem Meer. Am anderen Ende, beim Markt, zeigt sich die Stadt dagegen als ungeschminktes Wohngebiet. Wir quartierten uns im umgebauten steinernen Hôtel de Silhouette aus dem frühen 17. Jahrhundert ein und erkundeten die coolen neuen Läden des nachts erleuchteten Port Vieux, der eine winzige Strandbucht umspannt.

Das Wetter war in stürmischen Regen umgeschlagen, als wir Bayonne erreichten, die Hauptstadt des Baskengebiets. Sie liegt als befestigte Stadt am Zusammenfluss von Nive und Adour. An den Kaimauern wirkt sie fast wie ein baskisches Paris oder Amsterdam. Vier- und fünfstöckige Häuser, oft nur zwei Fenster schmal, mit ausgeblichenen Mauerkaminen und Fensterläden in Hellblau, Rot oder Grün, dazu sieht man schiefe Fundamente, durchgebogene Simse, Mansardenfenster und Läden zur Straße. Hier ein Florist, dort ein Schönheitssalon. Im Stadtteil Petit Bayonne ist heute ein Park, den Vauban, der Militäringenieur des Sonnenkönigs, als Befestigungsanlage erbaut hatte.

Im Musée Basque et de l'histoire de Bayonne wird die Historie des Bajonetts dargestellt. Die hier erfundene Nahkampfwaffe wurde ursprünglich in den Musketenlauf eingesteckt und nicht seitlich aufgepflanzt.

Auf dem Markt rief Gabriella aufgeregt: „Der Bischof von Bayonne beim Mittagessen!" Tatsächlich, da saß er mit seinen Leuten und einer machte mit einem Stick ein Selfie. Gabriella erklärte, welch große Bedeutung dem

Randnotiz: Wohl in jedem Ort des Baskenlandes findet sich ein **fronton**, ***das Rückbrett für das baskische Ballspiel Pelota (*****pelota vasca** ***auf Spanisch), angeblich das schnellste Spiel der Welt. Biarritz ist genau der richtige Ort, um ein Spiel zu erleben.***

Bischof seit alters her zukommt: Zu Walfangzeiten vor Jahrhunderten erhielt er grundsätzlich die begehrte Zunge.

Südöstlich von Bayonne kamen die Pyrenäen plötzlich wieder in Sichtweite, und das Land tat sich auf. In den Dörfern in Landesinneren werden bäuerliche Gebräuche weiterhin hochgehalten, und Baskisch hört man häufiger als an der weltläufigeren Küste. In Espelette, einem bezaubernden Dorf, waren etliche Häuser mit Piment d'Espelette behängt. Traditionell hängen diese roten Chilis an Kordeln zum Trocknen, bevor sie zu dem Gewürz vieler baskischer und französischer Rezepte zermahlen werden.

Als wir beim Hôtel des Pyrénées, einer klassischen Herberge in Saint-Jean-Pied-de-Port, vorfuhren, war es stockdunkel und still. Das mit Michelin-Sternen ausgezeichnete Restaurant Arrambide mit seinem glasgerahmten Speiseraum hatten wir ganz alleine für uns.

Am Morgen herrschte geschäftiges Treiben in der Stadt: Es war Markttag. Hier kauften alte Frauen in wadenlangen Röcken in einer überdachten Halle am Place des Remparts Gemüse, Konfekt, Honig und den berühmten Schafskäse der Region ein. Die engen Straßen des dicht bebauten Städtchens säumen Steinhäuser, in deren Türstürze das Baujahr – etwa 1649 – eingemeißelt ist. Einige Läden bieten schwarze Baskenmützen oder dicke Strickjacken aus Wolle an. Manche fungieren als Hostel für Pilger auf dem Weg nach Santiago de Compostela.

In der Zitadelle hoch über der Stadt wächst Efeu an grauen Wänden empor, die freien Flächen sind mit Hortensien bedeckt. Mein Blick ging über die Ziegeldächer des Städtchens unter mir bis zu den bewaldeten Bergen ringsherum. Spanien war nur 8 km, aber Welten vom baskischen Frankreich entfernt.

DIE UNBERÜHRTE ALGARVE

Abseits der Touristenhorden in Südportugal faszinieren die Schönheit des Meeres und traditionelle Atmosphäre.

TEXT VON SETH SHERWOOD
FOTOS VON JOÃO PEDRO MARNOTO

Seite 122 Der Praia do Amado an der westlichen Algarve ist nicht überlaufen.

Links Rote und grüne Paprika garnieren ein Sardellengericht in einem der beliebten Fischrestaurants.

Gegenüber So wie der Fluss die Stadtteile von Tavira trennt, so verbinden die Melodien des Gitarristen die Passanten.

Es ist kein Geheimnis, dass die verführerische südportugiesische Algarve im Sommer überlaufen ist. Die Urlaubsorte, Hotels, Jachthäfen, Golfplätze, Souvenirläden, Bars, Strandcafés, Restaurants und nicht zu vergessen die Klubs ersticken unter dem Urlauberansturm. Ein Hotelmanager sagte es mir einmal so: „Im Juli und August findet man keinen Platz mehr fürs Badetuch."

Schuld daran sind die Attraktionen der Algarve. Sie erstreckt sich von der spanischen Grenze fast 160 km westwärts am Atlantik entlang bis zur südwestlichen Spitze Europas und ist mit windgeformten Dünen, feinem Sand, ockerfarbenen Klippen und natürlichen Grotten gesegnet. Die Meeresfrüchte sind überragend und die Preise im Vergleich mit denen der Amalfiküste oder der französischen Riviera recht zivil.

Inmitten des sonnenschutztriefenden Spektakels fragte ich mich: Gibt es denn keine andere, weniger überlaufene Algarve, wo man Ruhe und Gelassenheit finden kann und zudem noch etwas von der Geschichte des Landes erlebt?

Dank der gut funktionierenden EVA-Busverbindungen fand ich das, was ich suchte, im Westen. Felsige Küste und sonnengetränkte Hügel, Fischerdörfer und Festungsstädtchen, unerschlossene Surferstrände und frisch gefangene Meeresfrüchte in kleinen einheimischen Restaurants. In diese unberührte Algarve kann jeder mit einer Busfahrkarte kommen.

Ich begann in der Küstenstadt Tavira nahe der spanischen Grenze. Dort ruhen Reste alter Phönizier- und Römersiedlungen unter der Straße. Weiß gekalkte Gebäude mit schmiedeeisernen Balkonen über engen Sträßchen, dazu viele Renaissance und Barockkirchen – alles ein Erbe einer Zeit, da die Stadt ihren Reichtum aus der Fischerei und dem Salzhandel zog.

Auf einer Steinbrücke über dem Gilão bot ein Trio aus Gitarre, Akkordeon und Tamburin temperamentvolle Folksongs dar. Aus der gefliesten Renaissancekirche Maria da Misericórdia drang weitere Musik, dort klimperte ein bärtiger Hipsterlehrer vor Jungen und Mädchen erhebende Hymnen. Oben auf einem Hügel beherrschten ein mittelalterliches Schloss und der Uhrenturm einer Kirche aus dem 18. Jahrhundert ein Meer von Dächern mit orangen Ziegeln. Gelegentlich hörte man auch deutsche oder französische Stimmen aus den Straßencafés, immer übertönt vom melodischen „Bom dia!" und „Tudo bem?" der Einheimischen.

Überall stößt man auf restaurierte historische Gebäude. Im ehemaligen Marktgebäude, einem schmiedeeisernen Bau der 1880er-Jahre, haben Boutiquen und Restaurants gut zu tun. Durch weiße Wände und ungewöhnlich gewinkelte Metallelemente wurde aus einem Gefängnis eine zeitgemäße Stadtbücherei.

Tim Robinson, ein stämmiger blonder Engländer, der seit 2008 hier lebt, bestätigte meine Eindrücke. „Wer sich

Oben und gegenüber Fischer und Muschelfischer arbeiten in Tavira, das einst großen Reichtum aus der Fischerei und dem Salzhandel zog. Enge Straßen mit gekalkten, zweistöckigen Häusern und schmiedeeisernen Balkonen prägen das Stadtbild, dazu zahlreiche Renaissance- und Barockkirchen.

Folgende Doppelseite Abhängen in Pedralva, das die Wende von vergessener Kleinstadt zum Ökotourismus schaffte.

für das geschichtliche Flair der Algarve interessiert, findet hier wohl das Kronjuwel der historischen Städte." Er fügte hinzu: „Hierher kommen keine Horden, die den Junggesellenabschied eines Freundes feiern wollen."

Die weitere Reise führte mich zur trendigen Algarve in den sich immer weiter ausdehnenden Urlaubsort Praia da Rocha. Doch anstatt hier haltzumachen, fuhr ich mit einem Regionalbus weiter ins Landesinnere bis Silves, vorbei an Zitronenbäumen, Orangenhainen – und einer Hügelfestung. Ihre Zinnen aus roten Steinen blicken auf den Ort, der sich den Hügel hinab bis an den Fluss zieht.

Im üppig bepflanzten Burghof traf ich Maria Gonçalves, die Chefarchäologin der Stadt. Auf dem Wall flanierten einige Pärchen und spähten durch die Schießscharten, während Maria Gonçalves mir die Geschichte von diesem Ort erklärte. Im 11. Jahrhundert, zur Zeit der maurischen Besetzung Andalusiens im benachbarten Spanien, kamen und herrschten hier Araber aus dem Jemen. Silves wurde regionale Hauptstadt und kulturelles Zentrum.

Obwohl die Mauren längst Geschichte sind, kann man in Silves keinen Fes werfen, ohne eine Hinterlassenschaft der Mauren zu treffen. Keramikkacheln mit geschwungenen Arabesken schmücken die Fassaden vieler zweistöckiger Gebäude, und Geschäfte der Rua Elias Garcia verkaufen gehämmerte marokkanische Messinglaternen. Das Estúdio Destra in einem Haus aus dem 16. Jahrhundert ist eines der vielen kunsthandwerklichen Geschäfte der Stadt und verkauft Keramikgeschirr und -kacheln, deren geometrische Muster und stilisierte Tiere durch maurische Motive beeinflusst wurden.

Die letzte Etappe meiner Reise brachte mich zum westlichen Rand der Algarve und zur südwestlichsten Ecke

Randnotiz: Die Chefarchäologin von Silves, Maria Gonçalves,erklärt, dass ungefähr 3000 arabische Wörter Eingang in die portugiesische Sprache gefunden haben. Dazu gehören die Namen zahlreicher Städte der Algarve, wie etwa Aljezur, Albufeira, Alvor und Alfambras.

Europas, der Hafenstadt Lagos. Dort versuchten Straßenhändler mit ihren Flyern Kunden für typische Touristenangebote wie Schnorcheln oder Busrundfahrten anzulocken. Ich bahnte mir einen Weg über die gepflasterten Straßen und zwischen restaurierten Häusern nach Pedralva.

Pedralvas Existenz ist ein Wunder, das António Ferreira zu verdanken ist. Vor einigen Jahren wohnten nur noch neun Einwohner hier, viele der Häuser aus dem 19. Jahrhundert waren abbruchreif. Ferreira verbrachte jedes Jahr den Urlaub mit seiner Familie in einem Nachbarort und war Stammgast in der Pizzeria in Pedralva. Ihm gefielen die Lage und der Ort.

Mit einigen Partnern gründete er dann 2010 das Ökotourismus-Dorf Aldeia da Pedralva mit Kopfsteinpflaster, weiß gekalkten Häusern, Dorfladen und traditionellem Algarve-Restaurant. Wir trafen uns vor dem Empfang, in einem ruhigen Tal mit Kiefern und Korkbäumen. Nur ein Hahnenschrei störte die Ruhe. „Wir sind hier die andere Algarve“, sagte Ferreira.

Zur Küste am Ende der Welt – am Ende des Kontinents – zog es mich, und ich fuhr bei einem Dorfbewohner die paar Kilometer über namenlose Straßen nach Praia do Amado mit. Ungeachtet grauer Wolken zog eine Prozession barfüßiger junger Leute in uniformer Ganzkörperkleidung über den sandigen Strandbogen zwischen den gezackten Klippen – Surfer auf dem Weg zur Wellenanbetung in der Flut.

In jener Nacht zog ich mich in meine Hütte mit Holzbalkendecke und Holzmöbeln in flippigen Farben zurück. Kein Fernsehen, kein Handysignal und kein Internetlink hielt mich den Sternen und der Ruhe fern. Nur Eulen und Grillen waren aus der Umgebung zu hören, die Stimme der reinen Algarve.

SONNE – STRAND – TOSKANA

Gleich bei Pisa lockt Italien mit Strand und Meer – einladend, gut erreichbar und bodenständig.

TEXT VON FRANK BRUNI
FOTOS VON DAVE YODER

Seite 130 Ein schmaler Sandstrand bei Portoferraio auf Elba. Die größte der Thyrrhenischen Inseln liegt nur wenige Kilometer vor der toskanischen Küste.

Links Boote im Hafen von Portoferraio. Aus heutiger Sicht möchte Napoleons Verbannung auf die Insel Elba kaum wie eine Strafe erscheinen.

Gegenüber Küstenfelsen bei Porto Santo Stefano.

Folgende Doppelseite Nur für Hotelgäste: ein privater Felsstrand bei Porto Azzurro auf Elba.

Wer außerhalb von Italien lebt, vergisst leicht, dass auch die Toskana eine Küste hat. Die meisten ausländischen Touristen begeben sich eher zu den Städten im toskanischen Hügelland: Florenz, Siena, Lucca. Doch wer wie ich einmal vor Jahren in Italien gelebt hat, dürfte der toskanischen Küste mehr als nur einen Besuch abgestattet haben. Sie ist gut erreichbar, nicht überlaufen und zudem – anders als solche Postkartenidylle wie Taormina auf Sizilien – kein allzu großer Magnet für störenden Jetset.

Dass sie unbekannt ist, lässt sich allerdings nicht behaupten. Napoleon verbrachte einige Monate im Exil auf Elba, der größten der sieben Tyrrhenischen Inseln, von denen mehrere schnell mit dem Boot vom Festland aus zu erreichen sind. Statt italienischem Alcatraz erweist sich Elba als schöne Überraschung, was man ebenso über die toskanische Festlandküste sagen kann. Wonach steht Ihnen der Sinn? Hier dürften Sie es finden.

Wie wärs mit schöner Landschaft? Der Monte Argentario ist ein malerischer, meerumspülter Höcker, einst Insel, heute Halbinsel, denn mehrere sandige Nehrungen verbinden die Erhebung mit der Küste. Sie gehört zur Maremma, dem südlichsten Teil der toskanischen Küste, wohin es an einem Sommerwochenende auch Römer verschlägt, wenn die Zeit zum Reisen fehlt und die Gasthöfe und Hotels andernorts ausgebucht sind. Auch L'Andana befindet sich hier, ein exklusives Resort ganz in Meeresnähe, dessen Restaurant mit einem Michelin-Stern ausgezeichnet ist.

Was den Monte Argentario betrifft – die eingeweihte Schickeria fand schon immer hierher und stieg gern im geschichtenumrankten Luxushotel Il Pellicano oberhalb des Hauptorts Porto Ercole ab. Der zweite Hauptort ist Porto Santo Stefano. Von den Sandhaken abgesehen gibt es am Argentario kaum Strand. Einen Gutteil der schönsten Grundstücke beanspruchen die Einwohner für sich, und von den attraktivsten Uferstellen sind etliche besser mit dem Boot zu erreichen. Doch die Straße, die sich an den Steilhang klammert, lockt mit Nervenkitzel und atemberaubenden Blicken nach Norden, Osten, Süden, Westen. Wenn die Sonne auf dem Meer glitzert, um schließlich dahinter zu versinken, sollten Sie den Wagen möglichst schon abgestellt und sich einen Platz in einem Café am Meer gesichert haben.

Steht Ihnen der Sinn nach ausgezeichneter Küche? Damit ist die Küstenregion der Toskana ebenso gesegnet wie der Rest des Landes. Wer Fisch liebt, darf sich hier besonders glücklich schätzen: Nicht nur in Porto Santo Stefano, sondern wo immer wir einkehrten, wiesen die Speisekarten Meeresfrüchte im Überfluss aus. Wein dazu? Die Weinkarten – genauer: die Preise darauf – waren eine freudige Überraschung. Da italienische Gastwirte nur sehr moderat auf den Einkaufspreis aufschlagen, bei einheimischen Weinen zusätzlich gemäßigt durch geringe Transportkosten, bekommt man italienische Weine hier deutlich günstiger als daheim. So kamen mein Freund Jeremy und

Oben Viareggio kommt in Teilen fast ungehobelt, dann wieder affektiert daher; ein Erholungsort ist es gewiss nicht. Doch seine breiten flachen Sandstrände erstrecken sich über viele Kilometer am Mittelmeer entlang.

Gegenüber Mit Anlauf über einen Plankenweg an einem Strand bei Viareggio.

Folgende Doppelseite Porto Santo Stefano ist einer der beiden Hauptorte des Monte Argentario.

ich in den Genuss von Arneis, Vermentino, Pinot bianco und Lugana.

Weiter im Norden, etwa auf Höhe von Lucca, liegt Viareggio. In dieser Stadt geht es hemdsärmeliger zu – hier ein wenig schmuddelig, da ein wenig abgenutzt, insgesamt nicht gerade ruhig. Im Hintergrund aber erheben sich majestätisch die Apuanischen Alpen, und am Meer gibt es Sand, und zwar kilometerweise, an schnurgeraden, ebenso breiten wie flachen Stränden. Mit großer Effizienz sind diese Flächen zum schonungslosen Bräunen von Menschenhaut eingerichtet – blaue, rote, grüne Liegestühle in parallelen Reihen, fast so weit das Auge reicht.

Oder steht Ihnen der Sinn nach ganz anderem, nach einem versteckten Uferbogen in einer geschützten Bucht mit klarem, türkisblauem Wasser? Haben Sie Inselträume? Nehmen Sie die Fähre nach Elba. Zwar dauert die Überfahrt von Piombino nur eine Stunde, doch es erscheint einem viel entrückter. Weniger distinguiert als Capri, aber wunderschön, eine Insel der grünen Berge, umsäumt von Buchten, Klippen und winzigen Stränden im Schatten imposanter Höhenrücken. So urwüchsig sie in großen Teilen noch ist, die Straßen sind ausgezeichnet: Die Strecke zwischen Portoferraio und Porto Azzurro, den beiden charmant-verschlafenen Hauptorten, hat man in einer halben Stunde zurückgelegt. Blickt man sich um, so drängt sich die Vermutung auf, Napoleon hätte zwischen Club Med und Verbannung keinen großen Unterschied gesehen.

Forte dei Marmi, einer der nördlichsten bekannten Badeorte der Toskana, bevor man die Grenze nach Ligurien passiert, wäre einem Kaiser – egal, ob abgesetzt oder untersetzt – wohl besser zupassgekommen. Ein Seebad, das für überzogene Preise und Hochleistungsbräunen

Randnotiz: ***Die am Meer gelegenen Naturschutzgebiete der Toskana mit Wildstränden, sandigen Rad- und Wanderwegen sind einmalig in Italien. Der Parco Regionale della Maremma verfügt bei einer Fläche von 9000 ha über kilometerlange Strände und ein ausgedehntes Wegenetz. Das Naturschutzgebiet Padule Orti-Bottagone in der Kommune Piombino lädt mit stillen Buchten zum Wandern ein.***

steht, für Nachtklubs und Frühsport – zum einen Sommerfrische der Mailänder, zum anderen ein Schwamm, der russisches Geld aus der Zeit nach der Jahrtausendwende aufsaugt. Erhaschte man in einem der Cafés rings um die schöne Piazza einen Blick auf einen russischen Oligarchen beim Cappuccino, so erschiene das nur selbstverständlich.

Der Strand von Forte dei Marmi erinnert in Ausdehnung und Ausstattung an jenen von Viareggio, jedoch in der Haute-Couture-Variante. Auf halber Strecke ist eine lange Seebrücke, die weit hinaus ins Wasser ragt und tagsüber von Anglern, Joggern und Spaziergängern nur so wimmelt. Sie alle zieht es bis an ihr Ende, um von dort den beeindruckenden Blick zurück auf den Ort zu genießen, mit seinen Palmen und Pinien und rot gedeckten Bungalows, und dahinter die Alpen. Von dieser Stelle mitten auf dem Wasser – nicht so durchsichtig wie bei Elba, sondern kräftig dunkelblau – geht der Blick in beide Richtungen kilometerweit die Küste entlang.

Wir übernachteten in einem auffälligen neuen Hotel, wo man offenbar von Marmor besessen war. Der Boden der Lobby war aus Marmor, ebenso der im Frühstücksraum, die Fußböden der langen Flure, selbst der Boden im Lift. Gäbe es einen Marmor-Weichmacher, hätte man wohl auch die Betten mit diesem Material bezogen.

Allerdings sollte man diese Vorliebe nicht nur der reinen Lust am Gepränge zuschreiben, vielmehr spiegeln sich darin auch historische und geografische Gegebenheiten. Forte dei Marmi heißt übersetzt „Marmorfestung"; in den Apuanischen Alpen, die so imposant über der Stadt aufragen, wird Marmor gebrochen. Und zwar nicht irgendeiner, sondern Carrara-Marmor, der bekannteste der Welt – der Stein, mit dem Michelangelo gearbeitet hat.

PIZZERIA
DA GIGETTO

DIE KLEINE SCHWESTER DER ITALIENISCHEN SEEN

Wie kommt man zur kleinen Klosterinsel im ursprünglichen Lago d'Orta? Mit der Fähre – oder man schwimmt.

TEXT VON BONNIE TSUI
FOTOS VON SAMUELE PELLECCHIA

Seite 140 Mitten im Lago d'Orta liegt die Klosterinsel Isola San Giulio. Einen besonders schönen Blick darauf hat man vom Sacro Monte d'Orta, einer dem heiligen Franz von Assisi gewidmeten Wallfahrtsstätte oberhalb des Städtchens Orta San Giulio.

Links Schnell an Bord: Ein Wassertaxi bringt Urlauber nach San Giulio.

Gegenüber Seeblick vom Hotel San Rocco. Der ehemalige Konvent erfreut sich einer einmaligen Uferlage.

Dem Sirenengesang der kleinen Insel konnten wir nicht widerstehen, und so schwammen wir los, wie zwei Olympiasprinter – von einer kopfsteingepflasterten Piazza bis zur friedlichen Klosterinsel mitten im glitzernden Ortasee.

Es begann als weinselige Wette dreier Männer, einer von ihnen mein Angetrauter. Aber ich kann es ihnen nicht verübeln. Die zauberhafte Schönheit des Ortasees, gut 2,5 km breit und etwas westlich des Lago Maggiore gelegen, ist literarisch belegt. Schon Friedrich Nietzsche, Honoré de Balzac und Robert Browning schrieben vom Liebreiz des Gewässers und seiner Umgebung. Für Balzac war die Insel ein „bescheiden verborgener Ort, der Natur überlassen, ein wilder Garten". Verwundert es, dass diese Landschaft auch uns in ihren Bann schlug?

Während am prunkvollen Comer See und am Lago Maggiore Touristenschwärme einfallen, liegt der Ortasee als unbeachtete kleine Schwester da. Ein beliebtes Wochenendziel der Mailänder, doch außerhalb Italiens kaum bekannt. Selbst viele Italiener wissen nichts von seinen stillen bewaldeten Ufern, durchsetzt mit verschlafenen mittelalterlichen Dörfern, auch nichts von der markanten Abtei auf dem Inselchen, das nur einen halben Kilometer Wasser von der Piazza Motta trennt, dem großen Uferplatz im kleinen Orta San Giulio.

Auf der Isola San Giulio befinden sich neben einer Basilika aus dem 12. Jahrhundert und einer in einem Priesterseminar aus dem 19. Jahrhundert eingerichteten Abtei auch Wohnhäuser. Da sowohl die Insel als auch das Städtchen größtenteils Fußgängern vorbehalten sind, spielt sich der Alltag hier sehr romantisch-entspannt ab, auf Piazze voller Sonnenschirme, vor Cafés, Märkten und kleinen familienbetriebenen Restaurants. Gerade diese freundliche Kleinstadtatmosphäre macht diesen Ort so sympathisch.

Hier gibt es prächtige Palazzi und alte Bausubstanz, doch das architektonisch bedeutendste Monument ist der Sacro Monte di San Francesco oberhalb von Orta San Giulio, der zusammen mit acht weiteren „heiligen Bergen" Norditaliens als Weltkulturerbe geführt wird. Gut 350 m über dem See erhebt sich dieser heilige Berg auf einer Hügelkuppe, ein Komplex mit 20 schönen Kapellen, die über zwei Jahrhunderte entstanden und sämtlich dem Leben des Franz von Assisi gewidmet sind.

Hier entlangzuspazieren gleicht einer Gehmeditation mit herrlichen Ausblicken über Ort und See. Die Wegspirale führt an freskengeschmückten Kapellen in einem stillen Hain vorbei, aus Stilepochen von der Spätrenaissance bis zum prunkvollen Rokoko des 18. Jahrhunderts.

An anderer Stelle zeigt sich der Lago d'Orta von einer avantgardistischen Seite. Liebhaber von funktionalem Design pilgern an sein Nordufer zu einem Tempel modernen internationalen Designs: der Hauptniederlassung von Alessi, dem Hersteller anspruchsvoller Haushaltsartikel.

In erster Linie aber sind Orta San Giulio und sein See Entspannung pur. Einen Kurzurlaub im sonnigen Juli ver-

Gegenüber Ferien auf dem Land: Feine Kostproben regionaler Küche verspricht Il Cucchiaio di Legno.

Oben und unten Blick in ein elegantes Gästezimmer und zur Decke der Eingangshalle der Villa Crespi in Orta San Giulio. Sie wurde im 19. Jahrhundert von einem italienischen Händler im maurischen Stil erbaut. Jetzt dient sie als Hotel mit Zwei-Sterne-Restaurant.

Oben Am Nordufer des Sees befindet sich ein Tempel modernen internationalen Designs: die Firma Alessi.

Gegenüber Altes Grammofon in einem Gästezimmer der Villa Crespi.

Folgende Doppelseite Die Basilika auf der Isola San Giulio geht auf das 12. Jahrhundert zurück. Jünger ist das Priesterseminar aus dem 19. Jahrhundert, das heute eine Abtei beherbergt. Die Insel ist wie das Städtchen Orta San Giulio überwiegend den Fußgängern vorbehalten, was den Aufenthalt dort sehr angenehm macht.

brachten mein Mann Matt und ich mit Schwimmen, Spaziergängen und Nickerchen. Stundenlang saßen wir beim Wein im Al Boeuc, einer Enoteca in einem 500 Jahre alten Weinkeller; in der AgriGelateria ließen wir uns sahnige Eiscreme aus Biomilch vom dazugehörigen Hof servieren. Wir faulenzten im Orta Beach Club zwischen beeindruckend gebräunten Gästen. Wenn wir ganz ehrgeizig wurden, schwammen wir ein paar gemächliche Runden von Boje zu Boje, um anschließend den übrigen Nachmittag mit einem Buch auf einer schattigen Liege zu verbringen.

So genügte es uns völlig, die Isola San Giulio vom Fenster unseres Apartments im dritten Stock zu betrachten – direkt an der Piazza Motta gelegen, mit freiem Blick auf die Insel. Dafür, dass es Hochsommer war, waren auf dem fantastisch klaren, ruhigen See erstaunlich wenige Boote unterwegs; wenn es hochkam, sahen wir einen Wasserskiläufer am Tag. Ein paar Fähren verkehren zwischen dem Städtchen, der Insel und den winzigen Dörfern am anderen Ufer. Der Betrieb begann kaum vor halb neun morgens: Schließlich befanden wir uns in Italien.

Doch wie es an solchen Orten oft geschieht, setzten unsere Gespräche, beflügelt von Wein und Geselligkeit, ungeahnte Fantasien frei. Eines Abends wettete Matt, er schaffe es in unter 21 Minuten, die Treppen hinabzuflitzen, zur Insel hin und zurückzuschwimmen, über die Piazza, die Treppen wieder hinauf und auf die Couch zu sprinten. Als geübter Schwimmerin fiel es mir zu, ihn zu lotsen.

Am übernächsten Morgen war es so weit. Die Besitzerin des Orta Market, Signora Irene (sie bestand auf dieser Anrede), rief uns nach, wir sollten vorsichtig sein: „È pericoloso! Attenzione per le barche!“ So ist nun einmal Orta San Giorgio – hier passt jeder auf jeden auf.

Randnotiz: In Omegna, einem geschäftigen Städtchen am Nordufer des Lago d'Orta, befindet sich die Hauptniederlassung von Alessi, dem bekannten Designhersteller von Haushaltsartikeln. Wer den Wagen stehen lassen möchte, nimmt in Orta San Giulio das Boot. Im nördlichen Ortsteil Crusinallo betreibt Alessi einen Fabrikverkauf.

Ab ging's ins Wasser. Immer wieder reckte ich den Kopf, um sicherzugehen, dass uns keine verirrte Fähre unterpflügte. Doch das Wasser war spiegelglatt, es warf den veilchenblauen Himmel perfekt zurück, und nicht ein einziges Gefährt kam in Sicht, abgesehen von einer langsamen Barkasse, die uns in weitem Bogen auswich.

Nach einer Weile begann ich mich zu entspannen und konnte diese außergewöhnliche Perspektive genießen. Wie oft bekommt man schließlich einen so einzigartigen Blick auf einen so bezaubernden Ort? Als wir uns der Insel näherten, bot sich uns ein reizender Einblick in das Leben in diesen Häusern, die vom Land betrachtet so abgeschieden wirken: Kinderspielzeug auf einer Terrasse, ein aufgeblasenes Schwimmtrampolin neben einem Privatanleger. Von einer Anlegestelle tuckerte ein kleines Boot los, und der Mann am Steuer wandte den Kopf, um uns zu grüßen.

„Buon giorno!", rief er, während er und sein Töchterchen uns eifrig zuwinkten. Ich grüßte lächelnd zurück, und schon wendeten wir und machten uns im Eiltempo auf den Weg zurück zum Ort – hinüber zu den Booten, die am Kai der Piazza schaukelten. Als wir aus dem See stiegen, blickten wir in die Kamera einer in die Jahre gekommenen Paparazza in roter Hose, die eifrig auf den Auslöser drückte. Während ich mich in mein Handtuch wickelte, sprintete Matt zurück zum Apartment, die Treppe hinauf und auf die Couch – geschafft! – in unter 18 Minuten. Später grüßte uns Signora Irene mit Applaus und einem herzlichen „Bravissimo!"

Die verträumte Stimmung dieses Ortes war es nicht allein, die uns auf die verrückte Idee brachte, im Höchsttempo zum Kloster und wieder zurückzuschwimmen – auch seine Bewohner sahen den Spaß daran.

DIE WILDNIS LIEGT VOR SARDINIEN

Eine kurze Fahrt auf dem Damm trennt die Hautevolee der Touristeninsel Sardinien vom urwüchsigen Sant'Antioco.

TEXT VON JOSHUA HAMMER
FOTOS VON CHRIS WARDE-JONES

Seite 150 Ein alter Turm am Strand von Coaquaddus auf Sant'Antioco.

Vorige Doppelseite Die Küstenstraße führt zum antiken Fischerdorf Calasetta.

Links Sant'Antioco und seine Basilika. Ihre Katakomben dienten im 6. Jahrhundert v. Chr. als Begräbnisstätte.

Gegenüber Den Hafen von Sant'Antioco nutzen die Fischer mit ihren Booten. Zur Hauptinsel Sardinien führt eine kurze Bootsfahrt oder eine Autofahrt über den 1,5 km langen Damm.

Wir hatten uns verirrt, eine halbe Stunde nach Sonnenuntergang. Erst Minuten zuvor hatten wir den alten Fischerort Calasetta verlassen, um dem Auf und Ab des Asphaltwegs durch leeres Grasland und Mittelmeergebüsch nach Süden zu folgen. Der Asphalt entlang der Küste war schnell zu Ende und führte meine beiden Söhne und mich auf einen Feldweg, der gerade breit genug für unseren Wagen war.

Unsere einzige Orientierung, die felsige Mittelmeerküste von Sant'Antioco, war verschwunden, ein verfallenes Bauernhaus war das letzte Zeichen menschlicher Behausung. Wir fuhren den Weg weiter hinunter, die Dornenbüsche kratzten an den Seiten des Mietwagens, und die Reifen mahlten im Sand. Ich suchte nach einer Möglichkeit zum Wenden. „In ungefähr zehn Minuten wirds dunkel. Weißt du eigentlich, wo wir sind?" fragte mich mein Achtjähriger.

„Max", sagte ich und überspielte meine Unruhe. „Mach dir keine Sorgen. Ich hab alles im Griff."

Auf Sant'Antioco, dem Inselchen vor Sardiniens Südwestküste, das über einen Damm von 1,5 km zu erreichen ist, kann man sich kaum verfahren. Kurz vor der Dunkelheit schaffte ich dann auch den Weg zurück zur Straße bis zu unserem gemieteten Bauernhaus. Durch dieses Erlebnis wurde mir klar, was mich nach Sant'Antioco gezogen hatte: seine Abgeschiedenheit und rustikale Wildnis.

Bei Sardinien denkt man heute zunächst an eine Spielwiese für Berühmtheiten wie Silvio Berlusconi, der dort als früherer italienischer Regierungschef in einer palastähnlichen Villa mit Scharen sehr junger Frauen herumtollte. Sant'Antioco ist der genaue Gegensatz dazu. Eine verschlafene Gegend mit zwei verwunschenen Häfen, ein paar Ruinen aus vorrömischer Zeit, ausgedehnter mediterraner Graslandschaft, den unverdorbensten Stränden der Region und wenig sonst. Als meine Familie und ich über den Damm fuhren, ließen wir die Hektik Sardiniens hinter uns: die zweispurigen Schnellstraßen, Kreisverkehre und Landstraßen mit Restaurants und riesigen Warenhäusern. Uns empfing eine unglaublich friedliche Landschaft mit einem Dickicht von Myrten, wilden Olivenbäumen, immergrünen Erdbeerbäumen und Heide.

Was Sant'Antioco an Glamour zu wenig hat, macht es durch Geschichte mehr als wett. Seit prähistorischen Zeiten ist es besiedelt, schon im 8. Jahrhundert v. Chr. wuchs es in eine Schlüsselrolle der mediterranen Handelsrouten der Phönizier. Seit der Besetzung durch die Römer im Jahr 238 v. Chr. entstanden Tempel, Viadukte und der künstliche Damm, der die Hafenstadt Sant'Antioco (das damalige Sulci) mit Sardinien verband. Seinen geschichtlichen Höhepunkt fand es in frühchristlicher Zeit als Bischofssitz und Pilgerstätte für die Verehrer des Antiochus von Sulci. Dieser Mauretanier war ein christlicher Märtyrer, der von den Römern zur Arbeit in den Bleiminen auf der Insel verurteilt worden war und schließlich 127 n. Chr. hingerichtet wurde. Nach ihm wurde die Insel benannt.

ANTONIETTA
MADRE ZCA897

Gegenüber In der Hauptstadt Sant'Antioco säumen pastellfarbene Häuser die Straßen zum Hafen hinab; sie zählt ungefähr 5000 Einwohner.

Oben Zwischen Zypressen und Feigenbäumen führt die idyllische Auffahrt zum Gästehaus Casa Angelo.

Oben Eine der vielen Grabungsstätten, die von der wechselvollen Geschichte der Insel zeugen. Von prähistorischen Siedlern über Phönizier, Römer, Franzosen, afrikanische Piraten bis zu Italienern reicht die Liste der Bewohner.

Gegenüber Wenn der Schirokko bläst, freuen sich die Surfer am Strand Coaquaddus.

Folgende Doppelseite Stimmungsbild in Blau vom Hafen Sant'Antioco.

Später war die Insel von den Franzosen besetzt. Als 1815 Piraten aus Nordafrika anlandeten und die meisten Einwohner massakrierten, fiel Sant'Antioco zurück ins Vergessen. Erst jetzt erlebt es eine zaghafte Wiederbelebung dank des Tourismus.

An der Südostküste der Insel, am Scheitel eines von Zypressen und Feigenbäumen gesäumten Kiesweges, stand unser gemietetes Ferienhaus Casa Angelo, das einem Paar aus dem Ort gehörte – 13 km entfernt von Internet und nächstem Supermarkt. Maria, unsere vogelgleiche Wirtin, warmherzig und überschwänglich, und ihr ebenso wortkarger wie kahlköpfiger Gatte Angelo sprachen nur Italienisch und den örtlichen sardischen Dialekt. Gelegentlich tauchte Maria auf, flitzte im Haus umher und reichte mir Stapel mit Handtüchern und Bettwäsche, dabei strich sie den Jungs mütterlich über den Kopf und nannte sie „bimbi".

Etwa 1 km die Straße hinab lag der beste Strand von Sant'Antioco, Coaquaddus, unser Lieblingsstrand. Sein geschwungener Sandstreifen war regelmäßig dem Schirokko ausgesetzt, der das sonst so ruhige Mittelmeer zu Wellen für Bodysurfer aufpeitschte. Einwanderer aus Afrika gingen die Strände auf und ab und boten auf Italienisch mit senegalesischem oder malischem Akzent Sonnenbrillen und -schirme feil, und am Bohlenweg zum Strand verkaufte ein älterer Sarde gegen drei Uhr nachmittags in Zitrone getauchte Kokosfleischstreifen. Aus dem Gejohle der bolzenden Jungen und Männer am Strand konnte man seine „cocco, cocco"-Rufe deutlich heraushören.

An anderen Tagen fuhren wir zum Westküstenstrand Cala della Signora, der auf Sant'Antiocos Touristenkarte nicht verzeichnet ist. Durch einen steilen Einschnitt wanderten wir hinab zu einer hufeisenförmigen Bucht. Dort hatten sich in einer massiven grauen Felsplatte Gezeitentüm-

Randnotiz: ***Als Prediger stand Antiochus von Sulci zu seinem christlichen Glauben, selbst nach seiner Verurteilung zur Zwangsarbeit im Bleiabbau auf Plumbaria, wie die Insel auch genannt wurde – nach*** **plumbum,** ***lateinisch für Blei. Der Überlieferung nach bekehrte Antiochus dort sogar seinen Kerkermeister. Die verärgerten Behörden ließen ihn daraufhin töten. Später wurden ihm zu Ehren Stadt und Insel in Sant'Antioco umbenannt.***

pel gebildet, in denen Seeigel auf dem Vulkangestein unter Wasser lagen. Eines Nachmittags warnte uns ein Italiener (übrigens der erste Italiener, dem wir in den letzten fünf Tagen begegnet waren, der Englisch sprach) in einem Speedo vor unserem üblichen Schwimmplatz. Er zeigte auf Dutzende durchscheinend rosige Leuchtquallen im klaren Wasser, unter den kugeligen Schirmen hingen dünne Tentakel. Mit seinem Schnorchel fischte er eine heraus, legte sie auf die Felsplatte und sagte auf Englisch: „Sehr hübsch, la medusa. Und sie wird Sie sehr, sehr stark verletzen."

Die größte Ortschaft der Insel, das charmante Städtchen Sant'Antioco, hat 5000 Einwohner und bezaubert mit Strandpromenade und einem Labyrinth pastellfarbener Häuser an den Kopfsteingassen, die zur Basilika hochführen. Diese aus Stein gebaute Kirche liegt hoch über dem Ort und geht auf das 5. Jahrhundert zurück. Eines Morgens folgten wir mit einem Dutzend italienischer Touristen der italienischsprachigen Führerin durch einen dunklen Gang unter der Kirche in die Katakomben hinab. Im 6. Jahrhundert v. Chr. war dies eine phönizische Totenstadt. Wir folgten der Führerin weiter durch ein Netz niedriger Felskammern und -gänge, die mit fragmentarischen Wandgemälden aus der christlichen Frühzeit verziert waren. Eine Kammer enthielt die freigelegten Skelette von früheren Pilgern.

Zurück im Tageslicht ging es bergab zum Corso Vittorio Emanuele, der Haupteinkaufsstraße. In einem der Dutzend Straßencafés und Trattorien gönnten wir uns unter Platanen und Kastanien ein Eis.

Schließlich ging es über ruhige Straßen entlang der unbewachsenen Hügel zurück zu unserem Bauernhaus – oder dem Lieblingsstrand des Tages.

NEUFUNDLANDS VERWUNSCHENE KÜSTE

Großes Spektakel mit Walen, Papageitauchern und Eisbergen vor den Klippen und verlassenen Fischerdörfern der Bonavista-Halbinsel.

TEXT VON ELAINE GLUSAC
FOTOS VON ANTHONY LANZILOTE

Seite 162 Der Ort Trinity auf der Bonavista-Halbinsel; im Hintergrund ein eisiger Besucher.

Links Ein Eisberg, aus der Nähe von einem Ausflugsboot betrachtet. Es werden auch Touren zu den Geisterstädten angeboten, die verlassen daliegen, seit die Bevölkerung der Halbinsel zusammengelegt wurde. Beim Zusammenbruch der Kabeljaufischerei Ende des 20. Jahrhunderts gingen viele Arbeitsplätze verloren. Heute bringt der Tourismus einiges an Beschäftigung.

Gegenüber Zwischen den zerklüfteten Felsen der Halbinsel spült die See herein.

Bruce Miller nahm das Gas zurück und lenkte die gut 8 m lange *Rugged Beauty* in den winzigen Hafen von Ireland's Eye, einer unbewohnten felsgesäumten Insel 12 km vor der weitaus größeren Insel Neufundland. Hier und dort kamen verwitterte Bretterhaufen in den Blick, wie vergessenes Anmachholz lagen sie auf dem steilen Wiesenufer. Miller zeigte uns einen vergrößerten Schwarz-Weiß-Abzug. Derselbe Blick um 1940 – Häuser anstelle der Bretterhaufen, Boote ankern im Hafen, auf dem Hügel im Hintergrund eine weiße Kirche. Jetzt lag dort ein Glockenturm; der letzte Gottesdienst hatte 1965 stattgefunden.

Miller führte eine Tour zu den Geisterstädten der Bonavista-Halbinsel – verlassenen Fischerdörfern vor der zerklüfteten Küste, drei Stunden nördlich von St. John's, Hauptstadt der kanadischen Provinz Neufundland und Labrador. Dünn besiedelte Wildnis mit aufragenden Klippen, von Brechern überspülte Strände und Wälder voller Bartflechten prägen die 110 km lange Halbinsel. Wer 2001 die gleichnamige Verfilmung von Annie Proulx' Roman *Schiffsmeldungen* sah, dürfte noch die Bilder dieser Landschaft im Gedächtnis haben; im Film spielte sie, wunderbar in Szene gesetzt, neben Kevin Spacey, Julianne Moore und Judi Dench die vierte Hauptrolle.

Als in den letzten Jahrzehnten des 20. Jahrhunderts die Kabeljaufischerei zusammenbrach, die 500 Jahre lang die Wirtschaft von Neufundland angetrieben hatte, verloren schätzungsweise 30 000 Neufundländer ihre Arbeit. Die ehemals wohlhabenden Ortschaften der Bonavista-Halbinsel verfielen zusehends. Die Dörfer auf vorgelagerten Inseln wie Ireland's Eye lagen da schon längst verlassen, denn ihre Einwohner hatte man im Rahmen einer Gebietsreform aufs Festland zwangsumgesiedelt, als noch Kabeljau in Rekordmengen aus den hiesigen Gewässern gezogen wurde.

Nun bringen Einzelunternehmer wie Miller den Tourismus auf der Bonavista-Halbinsel in Gang. Ihr wichtigstes Kapital ist die grandiose Einsamkeit – die spannende Kulisse eines Heimatstolzes, der sich aus Pioniergeist, Zusammenbruch und neuerlicher Wiederbelebung speist. Aus touristischer Sicht ist es momentan perfekt: gutes Essen, landestypische Unterbringung und interessante Touren genau im richtigen Maß – von nichts so viel, dass der ursprüngliche Charakter verloren ginge.

„Auf einmal hat man verstanden, dass Kunst an den Wänden und ordentlicher Kaffee bei den Leuten ankommen", erklärt John Fisher, vormals aus Ontario, der selbst bereits 1997 zu diesem Schluss kam. Damals eröffnete er in dem winzigen Ort Port Rexton sein Bed & Breakfast mit vier Zimmern. Inzwischen zählt Fishers' Loft 33 Zimmer in sechs Häusern – holzverkleidete, bunt bemalte asymmetrische Bauten und Kapitänshäuser, wie sie die Architektur auf Neufundland prägen.

Tineke Gow verfügt seit 1975 auf der Halbinsel über Grundbesitz; 1992 propagierte sie als Erste das Prinzip

Gegenüber Eine Wegkreuzung in Port Rexton. Gleich außerhalb des Ortes verläuft der Skerwink Trail, ein gut 5 km langer Wanderweg auf der Sandstein-Landzunge an der Einfahrt zum Hafen von Trinity.

Oben und unten Blick vom Skerwink Trail auf Brandungspfeiler unweit von Trinity; teilweise ist der Weg mit Stufen angelegt. Der Wanderer bekommt hier Einblick ins ungezähmte Bonavista – Kiefernwälder, gischtfeuchte Felsen und Klippen, weiter Blick übers Meer.

Vorige Doppelseite Niedrige Wolken und Nebel bei Trinity Harbor verhängen die Sicht und machen zugleich den Ausblick spannend.

Oben Rastende Papageitaucher auf einer Klippe bei Elliston. Sie ziehen die Jungen auf schmalen Vorsprüngen in der Felswand auf.

Gegenüber In solchen geräumigen Erdkellern lagerten früher die Gemüsevorräte, die in der Abgeschiedenheit der langen Winter das Überleben der Einwohner von Elliston sicherten.

Folgende Doppelseite Felsinseln vor Elliston. Die schroffe Schönheit der Halbinsel ist heute ihr größtes Kapital.

der dezentralen Unterbringung. Damals eröffnete sie in einem Haus aus dem 19. Jahrhundert im nahe gelegenen Trinity den Artisan Inn mit zwei Gästezimmern; heute hat sie sechs Häuser mit 15 Räumen. „Es geht darum, sich in die Umgebung einzufügen“, sagt sie. Ein Haus mit 20 Zimmern würde auffallen. Der ehemalige Werftstandort Trinity, dessen Wurzeln bis ins 16. Jahrhundert zurückreichen, zählt dank seines Geschichtsvereins zu den besterhaltenen Dörfern in Kanadas Atlantikprovinzen; dicht drängen sich alte Holzhäuser um Kirchen mit Glockentürmen. Touristen spazieren durch die Gassen, buchen Stadtführungen und schauen im Stadttheater Historiendramen.

Der Skerwink Trail bei Port Rexton, ein gut 5 km langer Wanderweg, folgt der Kante der hoch aufragenden Sandstein-Landzunge neben dem Einlass zu Trinity Harbor. Unterwegs sieht man Kiefernwälder voller Bartflechten, aufgrund der salzlastigen Luft zwergwüchsige Tannen an steilen Klippen, von Brechern umtoste Brandungspfeiler und Moore mit blühenden Azaleen.

Neufundland lockt seine Besucher vor allem mit Walen, Papageitauchern und Eisbergen, die der Labradorstrom im Frühjahr von Grönland vorbeiführt. Dieselben Attraktionen findet man vor der Bonavista-Halbinsel. Am Morgen nach der Tour mit Miller stieg ich in ein Zodiac-Schlauchboot der Sea of Whales Adventures, um einen Blick auf Wale bei der Frühjahrswanderung zu erhaschen. Solchen Windchill wie an diesem verregneten Junimorgen kannte ich nur vom Februar. Die ganze Gruppe stieg in die vom Skipper ausgehändigten Thermoanzüge. Schon zog das Boot über das dunkle Wasser, das hier stellenweise 550 m tief reicht, und bald sichteten wir die Fluke eines abtauchenden Pottwals. Während wir darauf warteten, dass er wieder auf-

Randnotiz: Von Port Rexton sind es etwa vier Autostunden bis nach Fortune im Süden Neufundlands. Dort legt die Fähre zur vorgelagerten Inselgruppe Saint-Pierre und Miquelon ab, der letzten nordamerikanischen Bastion Frankreichs. Seit dem Ersten Pariser Frieden von 1814 ist dieses Überseegebiet sicher in französischer Hand, was die kontinentaleuropäischen 230 Volt aus der Steckdose ebenso deutlich machen wie der Euro als Währung und die Schulterklappen der Polizeiuniform.

tauchte, pflügte eine 300 Tiere starke Herde Sattelrobben durch die Bucht. Neugierig verlangsamten sie ihr Tempo und reckten die Köpfe, um das Boot mit den sechs verblüfften Passagieren eingehend zu beäugen.

Für die Papageitaucher fuhr ich bis fast ans Ende der Halbinsel nach Elliston. Ein Schild am Ortseingang deklariert das winzige Dorf völlig ironiefrei zur „Welthauptstadt der Erdkeller", doch spannender als die mit Kellereingängen versehenen Hügel für die traditionelle Gemüseaufbewahrung waren für mich zwei Inseln, nur wenige Meter vor den Klippen. Auf ihren Felsabsätzen war eine ganze Kolonie farbenprächtiger Papageitaucher versammelt, die in akrobatischen Flugmanövern landeten, um bald erneut zur Nahrungssuche im Meer aufzubrechen.

Am entlegensten Punkt, Kap Bonavista, kann der Besucher vom 1843 errichteten Leuchtturm weit übers Meer blicken und nach Eisbergen Ausschau halten. In der Nähe steht die Statue des Entdeckers Giovanni Caboto, in England John Gabot genannt, der mit Unterstützung der englischen Krone 1497 nach Westen segelte, um eine Ostindienpassage zu suchen. Dieses Kap soll er als Erstes gesichtet haben. Das lässt sich zwar nicht nachweisen, doch man ist hier stolz auf den nach ihm benannten Ort.

Miller, der Anbieter der Geisterstadttour, war in Kerley's Harbour aufgewachsen, ebenfalls ein staatlich geräumter Vorhafen. Die vierstündige Führung beschloss er bei seiner eigenen Blockhütte in dem inzwischen wieder bewohnten Dorf British Harbor. Neben einem Bach liegt dort eine Lichtung, der Blick geht über eine Bucht, im Rücken stille Wälder. Seine Erfahrung von Verlust und Neufindung schien er selbst noch kaum zu fassen: „Können Sie sich vorstellen, hier freiwillig wegzugehen?"

KUPFERGLANZ IN MICHIGANS NORDEN

Wo die Wellen des gewaltigen Lake Superior gegen einsame Klippen und Strände schlagen, bewahren ehemals boomende Bergbaustädte ihren nordischen Charakter.

TEXT VON STEPHEN REGENOLD
FOTOS VON NARAYAN MAHON UND T. C. WORLEY

Seite 174 Marquette Harbor Light, das Leuchtfeuer am Hafen von Marquette, der größten Stadt auf Michigans Oberer Halbinsel.

Vorige Doppelseite Ufer des Oberen Sees unweit des Dorfes Au Train.

Links Skullen auf dem glatten Kanal, der einst wichtig war für die Kupferindustrie; im Hintergrund das Schmelzwerk der Quincy Mine. Ein Verein bietet Führungen durch die stillgelegte Kupfermine an.

Gegenüber Sonnenuntergang am Oberen See bei Grand Marais.

120 m unter Tage, in einem muffigen, tröpfelnden Stollen, wies Ed Yarbrough auf ein dunkles Loch in der Felswand. „Hier wurde Sprengstoff gelagert", sagte er und zeichnete den Rand mit dem Strahl der Taschenlampe nach, „darum auch ‚Rauchen verboten'."

Wir befanden uns tief in der längst stillgelegten Kupfermine Quincy, 400 m vom Schacht entfernt. Schwach glimmten die Glühbirnen an den Strippen unter der Firste. Von oben tröpfelte Wasser, aus abgrundtiefem Schwarz wehte uns ein kalter Lufthauch entgegen. Dann drehte Yarbrough das Licht aus. „So haben die Bergleute damals gearbeitet", sagte er, indem er ein Streichholz anriss. Er zündete eine kleine Kerze an, die Flamme flackerte im nachtschwarzen Dunkel. „Und nun stellen Sie sich vor, Sie müssten dabei einen Vorschlaghammer schwingen."

Bewölkt und kühl war es an diesem Samstag in Hancock, Michigan, wo die Quincy Mine Hoist Association Bergwerksführungen anbietet. Mit meiner Frau Tara und unserer Tochter war ich auf Michigans Oberer Halbinsel unterwegs, in einem Land der Wälder und Marschen, der kalten Strände und alten Hafen- und Bergbaustädte.

Die gut 500 km lange Obere Halbinsel – kurz U.P. (Upper Peninsula) genannt – zeigt sich im Osten als bogenförmige Landmasse, die den Oberen See vom Michigansee trennt; ihr Westteil wirkt beim Blick auf die Landkarte, als hätte man ihn Wisconsin abgeknapst. Ganz im Nordosten grenzt die U.P. auch noch an den Huronsee; hier passieren riesige Frachter die gewaltigen Schleusen der Soo Locks, und eine Zweiländerbrücke verbindet Sault Ste. Marie, Michigan, mit Sault Ste. Marie, Ontario/Kanada.

Fährt man die leeren Landstraßen Richtung Westen, so entdeckt man am tiefblauen, endlosen Oberen See einsame Strände und verschlafene Städtchen: Whitefish Point, vor dem 1975 der 222 m lange Frachter SS Edmund Fitzgerald im Sturm sank; die geschützten Sandstrände und Klippen der Pictured Rocks National Seashore; die 1849 gegründete Hafenstadt Marquette, mit etwas mehr als 21 000 Einwohnern der größte Ort der Halbinsel.

Ich befand mich mit meiner Familie auf dem nördlichsten Zipfel, der 120 km in den Oberen See hineinragenden Keweenaw-Halbinsel. Ein einsames Land mit abgeschliffenen Felsen, Kiefernmischwäldern und vereinzelten Siedlungen aus der Zeit, da der Bergbau hier Hochkonjunktur hatte. Der See ist nie fern, schickt im Osten, Westen, Norden seine Wellen an den Strand.

Im 19. Jahrhundert wurde die Keweenaw-Halbinsel, noch immer bisweilen „Kupferland" genannt, für Hunderttausende das gelobte Land – Deutsche, Italiener, Leute aus Cornwall, Französisch-Kanadier und Finnen strömten herbei, um in Bergwerken wie der Quincy Mine mit Pickel und Bohrhammer zu Werke zu gehen. Ab den 1840ern förderten sie in nahezu anderthalb Jahrhunderten Millionen Tonnen Erz aus dem mächtigen Basaltuntergrund der Halbinsel – fast nirgends war das Kupfer so rein. Doch

Oben Die Hubbrücke zwischen der kleinen Universitätsstadt Houghton und Hancock verbindet „Copper Island“ mit dem Rest der Keweenaw-Halbinsel.

Unten Das Brauhaus Lake Superior Brewing Company in Grand Marais.

Gegenüber Stadtleben in Hancock.

the Bleachers
Sports Bar
WORSHIP and
COMMUNITY
CENTER

Oben Fisch aus dem Oberen See in Thill's Fish House im Geschäftsbezirk von Marquette.

Gegenüber Wasserfall bei Newberry. Tahquamenon Falls State Park ist einer von etlichen Parks und Erholungseinrichtungen auf der Oberen Halbinsel.

Folgende Doppelseite Eine alte Scheune zwischen Munising und Grand Marais.

irgendwann wurden die Minen geschlossen, und obgleich nach der Jahrtausendwende einige Bergwerksgesellschaften erneut Interesse an den Erzvorkommen zeigten, macht auf der Keweenaw-Halbinsel längst der Tourismus den Hauptwirtschaftszweig aus.

Die kleinen Orte sind ganz auf Reisende eingestellt. Naturschutzgebiete, Bergwerksbesichtigungen, Gasthöfe, Geschenkboutiquen, Kneipen und Wanderwege halten die Sommergäste beschäftigt. Die Sandstrände der Keweenaw-Halbinsel und das blaue Wasser begeistern Strandläufer; Mineraliensammler finden im Strandgeröll bis golfballgroße glänzende Achate. Am ersten Abend warfen wir uns im McLain State Park, 24 km westlich von Hancock, bäuchlings auf eine Düne und genossen den kupferroten Sonnenuntergang, der fahl auf dem platinfarbenen Wasserspiegel funkelte. Im Inland wanderten wir auf Moospfaden und sahen kaum eine Menschenseele.

„Wie in Schweden", dachte Tara laut an unseren Sommerurlaub im vergangenen Jahr. Tatsächlich wirkt die Keweenaw-Halbinsel, als wäre sie Skandinavien nachempfunden: feuchte nordische Landschaft, in der große Felsen aus kieferbestandenen Hügeln ragen. Fast erwartet man, einen Blick auf einen Kobold zu erhaschen. Auch kulturell zeigen sich enge Beziehungen zu Europas Norden: in den gedehnten Vokalen der Aussprache, in Hancocks Straßenschildern auf Englisch und Finnisch. Eine Sauna braucht man nirgends lange zu suchen.

Im Hanka Homestead Museum, einem Museumshof nahe der Keweenaw Bay am Ostufer der Halbinsel, ist eine alte finnische Hofanlage zu erkunden. Kornspeicher, Scheunen, Sauna und Stall in klassischer skandinavischer Blockhüttenbauweise sind im Zustand der 1920er-Jahre erhalten. Der Museumshof ist mit weiteren Attraktionen dieser Region zum Keweenaw National Historical Park zu-

Randnotiz: Zu Beginn des 20. Jahrhunderts kam ein Großteil des in den USA verarbeiteten Eisenerzes aus den gewaltigen Vorkommen auf der Oberen Halbinsel. Das überwiegend per Bahn nach Marquette am Oberen See transportierte Erz wurde dort im Hafen auf Frachter nach Osten verladen.

sammengeschlossen, ein 1992 etabliertes Konglomerat verstreut liegender schützenswerter Stätten. Minen, Museen, eine mit städtischen Mitteln errichtete Oper, ein altes Herrenhaus mit 45 Zimmern, der McLain State Park sowie Fort Wilkins, ein Fort aus der Zeit vor dem Bürgerkrieg, werden vom National Park Service unterstützt.

Wir erkundeten auch die Hauptgeschäftsstraßen von Calumet, Houghton und Hancock. Unser Lieblingsladen, Copper World an der Fifth Street in Calumet, verkauft bereits seit Anfang der 1970er alles, was sich aus Kupfer anfertigen lässt – Schmuck, Teekessel, Uhren, Backformen, Deko, Schnickschnack, Postkarten mit Prägebild.

Ein Kanal trennt die Spitze der Keweenaw-Halbinsel vom Festland und Hancock vom gegenüber gelegenen Houghton. Auf Hancocks Seite türmten sich Schlackeberge neben Schmelzöfen, bei Houghton sahen wir gewaltige verrostete Schiffsklampen am Ufer. Möwen standen über uns im Wind. Houghton lockt dank der Michigan Technological University und ihren 6500 Studenten mit den Annehmlichkeiten einer kleinen Universitätsstadt und einem schönen Spazierweg am Kanal entlang.

Gegen Ende unseres Urlaubs probierten wir im Kaleva Cafe mitten in Hancock, am Fuße des Hangs unterhalb der Quincy Mine, die regionale Spezialität: fleischgefüllte Teigtaschen, eine Erinnerung an die Cornish Pasty, wie sie die englischen Minenarbeiter einst als Proviant mit unter Tage nahmen.

Dort am Tisch war ich in Gedanken bei den Schächten und Stollen, zu denen die Quincy Mine auf dem Hügel hoch über dem Restaurant Zugang gewährt. Tausende Meter folgen sie den Kupferadern in die Tiefe. Derweil klapperte rings um mich Geschirr, Gläser klirrten, draußen ächzte der Verkehr, und Reisende erklommen den Hang, um ihrerseits tief ins Kupferland einzutauchen.

AUF WANDERTOUR BEIM GOLDEN GATE

Marin County lockt Spaziergänger wie Tourenwanderer mit Küstenmammutbäumen, Hügelketten und Sonnenuntergängen am Pazifik.

TEXT UND FOTOS VON GREGORY DICUM
ZUSÄTZLICHE FOTOS VON THOR SWIFT UND MAX WHITTAKER

Seite 186 Unterwegs im Mount Tamalpais State Park, nördlich von San Francisco, in Richtung Bolinas Lagoon und Pazifik. Marin County bietet Hunderte Hektar Naturschutzgebiet, die von zahlreichen Wanderwegen durchzogen sind.

Links Blick von San Francisco auf die Golden Gate Bridge und die Halbinsel Marin Headlands.

Gegenüber Moos umkleidet die Bäume an einem der vielen Wanderwege in Marin County.

Unmittelbar nördlich von San Francisco schmiegen sich wohlhabende Satellitenstädte in malerische Buchten. Am bekanntesten ist Sausalito, gleich gegenüber der Großstadt an der Bay gelegen. Fast die Hälfte der 1350 km^2 Landfläche von Marin County steht unter Naturschutz – wilde, idyllische Natur, in der bewaldete Höhenrücken winzige Orte voneinander trennen. Die Landschaft durchzieht ein kilometerlanges Netz gut gepflegter Wanderwege, auf denen man ursprüngliche Natur erleben kann. Marin County hat – vor allem in seinen westlichen Regionen – jedem etwas zu bieten, der ein paar Kilometer bewältigen kann, und das für jeden Geldbeutel.

An einem Freitagnachmittag im Herbst bestieg ich mit meiner Frau Nina einen Bus, der uns zusammen mit Heerscharen von Pendlern über die Golden Gate Bridge brachte. Drei Tage wollten wir uns Zeit nehmen, um nach San Francisco zurückzuwandern. Mit Tagesetappen von bis zu 30 km hatten wir uns einiges vorgenommen; es gibt jedoch etliche kürzere Alternativen, und Abkürzungen mit dem Auto oder dem Bus sind möglich.

In Olema stiegen wir aus; der Ort liegt in der San-Andreas-Verwerfung an zwei Hauptverkehrswegen. Kaum setzten wir den Fuß in die eukalyptusduftende Point Reyes Seashore Lodge, wo wir ein Zimmer gebucht hatten, da schien die Großstadt in weite Ferne gerückt.

Am Morgen stiegen wir durch blendend weißen Nebel Richtung Osten zur Bolinas Ridge auf. Geisterhaft weißes Damwild blickte zwischen tropfnassen Fenchelstauden auf uns hinab. Ein Duft nach kühlem Kräuterbalsam lag in der Luft, und bald waren unsere Stiefel dunkel vom Tau. Weißer Nebel quoll vom Nachbartal über den Höhenrücken. In der Ferne, wo die Verwerfung auf den Ozean trifft, glitzerte die Tomales Bay. Rings um uns tirilierte und zwitscherte es, und das Gras funkelte im Morgenlicht.

Wir folgten dem Höhenrücken nach Süden und trafen mittags erstmals auf Menschen. Pierce und Carmen Morris waren nach Norden unterwegs und deutlich profimäßiger organisiert als wir: Nachdem sie halb Europa erwandert hatten, hatten sie hier einem ortskundigen Anbieter die Planung überlassen. Wir hatten uns bereits verabschiedet, da drehte Pierce sich noch einmal um und rief uns in seinem charmanten Georgia-Singsang nach: „Wir sind übrigens 71!"

Bald befanden wir uns auf dem Coastal Trail, der auf einer Hügelkette der fernen Küstenlinie folgt. Am späten Nachmittag öffnete sich der Blick erstmals über wogende goldene Hügel bis auf den Pazifik. Greifvögel und Geier ließen sich von der Thermik tragen, tauchten bis dicht auf die buschigen Hügel herab, und Gleitschirmflieger suchten es ihnen gleichzutun.

Unter uns lag das Naturschutzgebiet Bolinas Lagoon, das zur Audubon Canyon Ranch gehört. Es ist eines der ersten Schutzgebiete von Marin County. Dass die Hügellandschaft so ursprünglich blieb, ist kein Zufall.

Oben Olema, ein kleiner Ort im lang gestreckten Tal der San-Andreas-Verwerfung.

Gegenüber Auf den Wegen durch Marin County durchstreift der Wanderer abwechslungsreiches Terrain – Wälder, Wiesen und Felder, dann wieder Uferlandschaften am Meer.

Folgende Doppelseite Der Coastal Trail verläuft nah entlang der Pazifikküste.

Bürgerinitiativen stoppten in den 1960er-Jahren Pläne für Autobahnen und Vorstädte. So blieben die Berghänge im westlichen Marin County von Zersiedelung verschont, in seinen Flüssen schwimmen Lachse.

Bei sinkender Sonne wandten wir uns Richtung Stinson Beach. Bald wich der Wald Straßen voller Bougainvilleen, Monterey-Zypressen begleiteten Strandhäuser aus den 1960ern, davor BMWs und Surfbretter. Wir erreichten den Strand gerade rechtzeitig, um zuzuschauen, wie die Sonne als abendliche Feuerkugel hinter der Bolinas Bay verlosch und die Hügel, die wir durchwandert hatten, malerisch in rosa Zuckerwatte einhüllte.

„Als wären wir in einem anderen Land“, meinte Nina, und dabei hatten wir hier schon oft am Strand gelegen.

Nach einer Nacht im Bed & Breakfast ging es weiter auf dem Dipsea Trail. Durch knorrigen Märchenwald stiegen wir in nebelverhangenes Heideland auf. Wachteln, Kaninchen und ein edler Hirsch, im Dunst allesamt von demselben Erdbraun wie der Pfad, machten den Weg frei. Schon umfing uns dichter Nadelwald: Küstenmammutbäume. Weiter oben auf den goldenen Hängen des Mount Tamalpais wärmte uns die Sonne.

Mount Tam ist ein beliebtes Ausflugsziel, wir hatten die Pantoll Ranger Station noch nicht erreicht, da bevölkerten bereits Wanderer und Radfahrer, Spaziergänger, Camper und Läufer die Wege zum Gipfel. Ein netter Ranger verwies uns auf eine alternative Route, Troop 80, die selbst an diesem sonnigen Sonntag ruhig und unberührt vor uns lag. Mittags ließen wir uns auf einer Restaurantterrasse nieder, unser Blick ging über das Mill Valley bis auf die dicht besiedelte Bay-Region, während hinter uns der Mount Tam aufragte. „Deutlich angenehmer, als mit einem Energierie-

***Randnotiz:** Die Einwohner der kleinen Ortschaft Bolinas an der Bolinas Bay legen so großen Wert auf Ruhe, dass sie routinemäßig die Wegweiser zu ihrem Ort abmontieren. Zwar ist die Stille im GPS-Zeitalter nicht mehr garantiert, doch gilt Bolinas weiterhin als Enklave der Surfer, Dichter (Lawrence Ferlinghetti besitzt ein Haus in der Nähe, wie zuvor auch Robert Creeley), Künstler und Freigeister.*

gel auf einem Felsklotz zu hocken", stellte Nina fest und nippte an ihrem großen Eistee, der mit Limonade vermischt war.

Hier, mehr als 40 km von Olema entfernt, zeigten sich die Leute fasziniert von unserer Wandertour: So gut sie die Wege kannten, waren bisher doch nur wenige darauf gekommen, sie zu verbinden, und erstaunlich wenige hatten mehrtägige Touren unternommen.

Ein Weg, so steil wie eine Skipiste, brachte uns zum Muir Woods National Monument, einem Schutzgebiet mit gigantischen Küstenmammutbäumen. Auf dem Parkplatz passierten wir Reisebusse, doch bereits nach wenigen Schritten hatten wir die Wiesen und die duftenden Erlen am Fluss wieder für uns. Auf dem letzten Kilometer stieg Abendnebel auf – die typische feuchte Küstenluft. Dann meldeten unsere Nasen ein Holzfeuer, und schon standen wir vor dem Pelican Inn, einem nachempfundenen Tudor-Bau: unser heutiges Ziel. Wir streiften die Stiefel ab, legten die Füße am Feuer hoch und beglückwünschten uns zu den 25 km, die wir heute gewandert waren.

Der Abwechslungsreichtum von West Marin County trägt wesentlich zu seiner Faszination bei. Am nächsten Tag führte unser Weg durch Gemüsefelder – Green Gulch, ein Zen-Zentrum und zugleich Biohof. Zen-Schüler bei der Mangoldernte nickten uns zu. Hier ist der Besucher willkommen, sich beim Zazen zum Sonnenaufgang in Kontemplation zu versenken und die japanische Teezeremonie zu erleben; unser Tag jedoch hatte gerade erst begonnen. Bald stiegen wir aus dem Tal empor und folgten einem Höhenkamm in Richtung Golden Gate Bridge.

Am Mittag waren wir auf dem Weg nach Sausalito und zu der Fähre, die uns in die Stadt zurückbringen sollte.

IM HINTERLAND VON CATALINA ISLAND

In Sichtweite von Los Angeles gibt es abseits der beliebten Strände Wildnis zu entdecken.

TEXT VON ETHAN TODRAS-WHITEHILL
FOTOS VON J. EMILIO FLORES UND ANN JOHANSSON

Seite 194 Die meisten Touristen zieht es nach Avalon, dem größten Ort auf Catalina Island.

Vorige Doppelseite Das Avalon-Casino, ein gewaltiger Rundbau. Kein Spielkasino, sondern ein Kino und Festsaal.

Links Den Kalifornischen Insel-Graufuchs gibt es nur auf Catalina und fünf benachbarten Inseln. Catalina hat eine einzigartige Flora und Fauna.

Gegenüber Ein Büffel nicht weit vom Trans-Catalina Trail. Seine Vorfahren wurden in den 1920er-Jahren für ein Filmprojekt freigelassen; seitdem fühlen sich die Riesen auf der Insel heimisch.

Das Problem mit „Wildnis" ist, dass sie per definitionem weitab von jeder dichter besiedelten Gegend liegt. Zwar ist es von vielen großen Städten nicht weit zur einen oder anderen schönen Tagestour, doch für echtes Naturabenteuer nahe einer Megacity müssen Geografie und Naturschutz schon glücklich aufeinandertreffen. Los Angeles darf sich glücklich schätzen, denn nur 35 km Luftlinie trennen die Großstadt von der überraschend schroffen Insel Santa Catalina. Von Pebbly Beach am Ostende der Insel bis Starlight Beach nahe ihres westlichsten Punkts zieht sich der Trans-Catalina Trail – 60 km Wanderweg durch kakteenbestandene Canyons, verlassene Buchten und quer über Blumenwiesen mitsamt Bisons. Bisons? Jawohl.

An einem frühjahrskühlen Freitag trafen meine Freundin Miriam und ich mit der Fähre in Avalon ein, dem einzigen größeren Ort der Insel und zugleich ihr bedeutendster Hafen. Wir wollten von hier bis Two Harbors marschieren, von dort noch einmal 18 km bis zum Ende der Insel und wieder retour. Dann mit der Fähre zurück nach Hause.

Avalon könnte fast in Griechenland liegen. Blendend weiße Häuser, die sich den grünen Küstenhang hinabziehen, in dem blau glitzernden Naturhafen säuberlich aufgereihte Segelboote und Jachten, Trawler und Rennboote. Selbst die Bauweise mutet mediterran an; anstelle einer jahrhundertealten Basilika beeindruckt das Catalina-Casino. Der Rundbau im Art-déco-Stil ist so hoch wie ein zwölfstöckiges Gebäude, beherbergt jedoch keine Spielbank, sondern einen Kinosaal, einen Festsaal und ein Museum. Da wir eine ziemliche Strecke vor uns hatten, machten wir uns auf den Weg hinaus aus der Stadt und den Hang hinauf, ohne Casino-Besichtigung.

Zunächst verläuft der südöstlich vom Städtchen beginnende Trans-Catalina Trail in weitem Bogen auf dem Höhenrücken oberhalb der Avalon Bay. Wir folgten einem Schotterweg, gesäumt von Eukalyptusbäumen und Feigenkakteen, über knapp 500 Höhenmeter bis zum Kamm und genossen während der nächsten Stunden in drei, manchmal sogar vier Richtungen einen herrlichen Meeresblick. Auf dem Festland sahen wir das Santa-Ana-Gebirge aufragen; Los Angeles selbst lag von Küstennebel verdeckt.

Der Wanderweg verließ die Straße, um sich ins Inland zu wenden; dort mäanderte er durch Wiesen, an röhrichtgesäumten Wasserreservoirs vorbei, ausgewaschene grüne Hügelfalten hinauf und hinab. Am Rand einer kleinen Lichtung in einem der wenigen Waldstücke hielt ich Miriam fest: ein Bison! Gemächlich stieg er aus dem Bachbett herauf, blieb auf der Lichtung stehen und beäugte uns misstrauisch. Er war furchteinflößend – alles, womit man auf einem Waldweg rechnen würde, übertraf er um mehrere Größenordnungen. Kletten und Grashalme hingen in seiner zottigen Mähne, der Bart streifte fast den Boden. Als wir einen Schritt auf ihn zu machten, schnaubte er und tat einen Schritt auf uns zu – eine unmissverständliche Botschaft.

Gegenüber Diese Seilrutsche über das trockene Hügelland von Catalina gehört zwar nicht zur Naturerfahrung, bietet aber reichlich Nervenkitzel.

Oben Der Trans-Catalina Trail zwischen Parsons Landing und Two Harbors.

Unten Bevor der Flughafen eröffnet wurde, war Santa Catalina nur per Schiff oder Wasserflugzeug zu erreichen.

Oben Auf dem Zeltplatz Parsons Landing, nicht weit vom nordwestlichsten Zipfel der Insel.

Gegenüber Wanderer auf dem Trans-Catalina Trail.

Folgende Doppelseite Wanderer und Fahrradfahrer sind auf Santa Catalina gern gesehen, Autos dürfen fernbleiben.

Bisons gab es ursprünglich nicht auf Catalina Island. In den 1920er-Jahren wurden 14 Tiere für den Stummfilm *Der letzte Indianer* hierhergebracht. Man ließ sie auf der Insel zurück, wo sie sich zu Hunderten vermehrten. Meist sind sie harmlos, doch es wurden auch schon Touristen verletzt, als sich die Tiere bedroht fühlten.

„Was tun wir, wenn er angreift?“, fragte Miriam. Sie klang panisch. „In die Büsche springen“, antwortete ich mit möglichst fester Stimme, als könnte ein bisschen Gestrüpp uns vor 700 kg Muskeln, Hörnern und Hufen schützen. Aber der Bison ließ uns vorbeischleichen.

Erschöpft und mit schmerzenden Knien humpelten wir schließlich auf den Blackjack Campground. Abgesehen von einem Trupp Hirsche und einem friedlichen Bison, der sich bald davonmachte, lag der Campingplatz verlassen zwischen den beiden mit rund 600 m höchsten Erhebungen der Insel. Wir kochten Wasser für unsere Nudeln, kauten Truthahn-Jerky und bauten unser Zelt auf. Unser ursprünglicher Plan war zu ehrgeizig, das war uns nun klar.

Am nächsten Morgen entdeckten wir hocherfreut, dass wir weniger abgeschnitten waren, als wir glaubten – unsere Mobiltelefone hatten Empfang. Ein paar Anrufe später stand der neue Plan: Wir würden die 5 km bis zum Inselflughafen laufen und den Mittagszubringer nach Two Harbors nehmen. Von dort konnten wir auf dem bequemeren Küstenweg weiterwandern.

Der Flughafen begeisterte uns mit einem kleinen Lokal mit umfangreicher Karte. Ich bestellte einen Bisonburger und genoss rachelüstern jeden einzelnen Bissen.

Two Harbors, eine Mixtur aus zivilisatorischem Vorposten und Urlaubsort, liegt auf der Wespentaille der Insel – 800 m schmal, beidseitig ein Hafen. Hier fanden wir einen

Randnotiz: Den größten Teil von Santa Catalina Island erwarb einst der Kaugummi-Magnat William Wrigley Jr. aus Chicago. Da die Familie Wrigley lange Zeit auch Eigentümerin der Chicago Cubs war, hielt das Baseballteam über etliche Jahre sein Frühjahrstraining auf Catalina ab.

Campingplatz vor, Ferienhäuschen, ein Hotel, einen Supermarkt und ein Café-Restaurant. Abends gesellten wir uns zu den Mitgliedern eines örtlichen Wandervereins ans Lagerfeuer.

Am Morgen fuhr ein Ranger vor und gab uns den freundlichen Rat, in eines der noch freien Ferienhäuschen umzusiedeln. Ein kräftiger Sturm sei im Anzug, Spitzen bei Windstärke 9 seien vorhergesagt. Eine Wanderung wäre nicht nur eine nasse und unangenehme Angelegenheit, sondern angesichts von Sturm und Erdrutschgefahr auch lebensgefährlich. Den Kurzurlaub abzubrechen, um aufs Festland zurückzukehren, war keine Option: Der Fährbetrieb war vorübergehend eingestellt. Wir saßen fest.

Also machten wir das Beste daraus. Im Café trafen wir auf Patrick, einen Fischfarmer aus der Gegend – gekleidet wie ein Schauermann, von der Sprache her ein Wissenschaftler. „Die Leute sind dermaßen gewohnt, alles immer und sofort zu bekommen“, meinte er. „Aber hier draußen bestimmt noch immer das Wetter.“

Er nahm uns mit hinauf zum Hotel Banning House Lodge, einem ehemaligen Herrenhaus. Im Kamin loderte ein Feuer, und so suchten wir uns ein Puzzle aus und verteilten die 1000 Teile über den Couchtisch. Patrick widmete sich per Laptop seinem Fernstudium; nebenan spielte eine Pfadfindergruppe Monopoly. Der Blick aus dem Fenster zeigte wind- und regengepeitschte Palmen – ein Anblick, wie wir ihn aus den Fernsehnachrichten kannten, wenn irgendwo ein Hurrikan tobte.

35 km Luftlinie trennten uns von Los Angeles, doch nicht einmal ein Vogel würde sich bei diesem Wetter in die Luft schwingen. Genauso gut hätten wir am anderen Ende der Welt sitzen können.

IM KAJAK VON KEY ZU KEY

Für Paddler sind die Florida Keys mit ihrem klaren, seichten Wasser und zahllosen Anlandestellen ein wahres Paradies, traumhaftes Wetter gibt es obendrein.

TEXT VON CHRISTOPHER PERCY COLLIER
FOTOS VON CHRIS LIVINGSTON UND MAGGIE STEBER

Seite 206 Kajak mit Hilfssegel bei Little Palm Island, einer der Big Pine Key vorgelagerten Insel. Die meisten Touristen düsen mit dem Auto über die Florida Keys, doch mit dem Kajak lassen sich die klaren Gewässer und die Inseln viel intensiver erfahren.

Links Abenteuer im Mangrovendschungel bei Big Pine Key.

Gegenüber Blick von einer Brücke unweit vom Hawk's Cay Resort auf Duck Key.

Wir paddelten in nicht einmal knietiefem Wasser, unser Führer erzählte uns gerade alles Wissenswerte über die alte verfallene Betonbrücke, unter der wir hindurchgefahren waren. Ja, knapp 11 km lang, bestätigte er, und durch die neue Seven Mile Bridge mit 440 Spannbetonfeldern ersetzt, die man zum Beispiel aus dem Film *Wahre Lügen* kennt. In dem Moment unterbrach er sich und verharrte still auf seinem apricotfarbenen Sit-on-Top. Kayak Dave – mit bürgerlichem Namen Dave Kaplan – wies mit seinem Paddel auf einen großen dunklen Fleck auf dem ansonsten knochenbleichen Meeresboden. Er schien sich zu bewegen. „Stechrochen", flüsterte er. „Sechs Meter voraus."

Chris Livingston, der Fotograf, mit dem ich unterwegs war, zog seine Kamera aus dem wasserdichten Beutel und verfrachtete sie geschickt in eine Unterwasserhülle. Derweil manövrierte ich unser Zweierkajak mit ein paar Paddelzügen näher heran, verkürzte die Entfernung auf eine Bootslänge. Das 1,20 m breite Tier schwebte nur wenige Zentimeter über dem Sand, wellenförmig bewegte sich sein Flossensaum. Vielleicht eine Minute lang beobachteten wir, wie es im Tempo einer Landschildkröte durch das seichte Wasser glitt. Urplötzlich aber schoss der scheibenförmige Koloss davon und hinterließ nichts als eine weiße Sandwolke. „Keine Bange", meinte Kaplan, während wir weiterpaddelten. „Wir werden schon noch einen sehen."

Hier, auf halber Höhe der Florida Keys, von glasklarem Flachwasser umgeben, dürfte es nicht beim Wunschdenken bleiben. Doch er sollte sich irren. Auf unserer Paddeltour von der Seven Mile Bridge zum Bahia Honda State Park und zurück begegnete uns an diesem sonnigen Dezembermorgen kein zweiter Stechrochen. Dennoch legten wir keine Beschwerde ein, denn immerhin sahen wir einen stachligen schwarzen Seeigel, einen unterarmlangen Hai und mindestens ein halbes Dutzend Watvögel – nicht schlecht für einen zweistündigen Kajakausflug.

Das klassische Fortbewegungsmittel zur Erkundung der Florida Keys ist das Auto, immer entlang der U. S. Route 1. Doch wer sich nur über Brücken von Eiland zu Eiland bewegt, der merkt schon bald, dass befestigte Wege ihre Grenzen haben: Um tiefer einzutauchen, sollte man das klare, seichte Wasser nicht nur betrachten, sondern sich auch daraufbegeben. Und dafür gibt es kaum Besseres als ein Kajak.

„In den Florida Keys gibt es Seichtwasser ohne Ende", hatte Tom Ashley am Vortag erklärt, während er sein Motorboot vorsichtig durch das Flachwasser bei Little Torch Key navigierte. Der Bootskapitän des Little Palm Island Resort & Spa erzählte, er nehme häufig Gäste mit Kajaks an Bord, um sie bei entlegenen Untiefen abzusetzen. „Hier draußen gibt es Wasser in fünf verschiedenen Blautönen", meinte er. „Aber solche Stellen sind oft nur mit dem Kajak zu erreichen."

Auf den Keys, einer Inselgruppe von gut 1700 Eilanden, ist ein Kajakverleih heutzutage in etwa so schwer auszumachen wie ein Pelikan. Es gibt wohl keine Region in den

Oben Aufbruch mit dem Kajak zu mehreren unbewohnten Inseln bei Sugarloaf Key, immer unter fachkundiger Führung.

Gegenüber Früh übt sich, wer ein Schnorchler wird – hier im John Pennekamp Coral Reef State Park bei Key Largo.

Folgende Doppelseite Kajakpaddler unter Beobachtung bei Little Palm Island, einer Insel vor Little Torch Key.

USA, wo man sich diesem Fortbewegungsmittel mit größerer Begeisterung und Fantasie zugewandt hat; der Tourist könnte sich kein besseres Angebot wünschen.

Kajaks sind ideal für Schnorchler und Speerfischer. Manche Boote sind mit einem Segel ausgestattet, das in Sekundenschnelle aufgerichtet ist, wenn der Wind aus der passenden Richtung weht. Sportfischer begeben sich mit dem Kajak hinaus zum Flachwasserangeln – eine nicht nur preiswerte, sondern auch abenteuerliche Alternative, denn nicht selten zieht der Fisch beim Versuch, sich zu befreien, das leichte Gefährt hinter sich her. „Wenn man einen Tarpun am Haken hat, kann der einen schon mal eine halbe Stunde durch die Florida Bay ziehen", erklärte Brandon Jannarone, ein von Key Largo aus operierender Führer.

Von den Kreuzfahrtschiffen, die im Hafen von Key West anlegen, kommen Anfänger in Schwärmen. Ihre Einsetzstelle liegt oft keine 10 m von einer Strandbar entfernt. Erfahrenere Paddler gehen auf längere Fahrt, manchmal sogar auf eine Zwei-Tages-Tour von Key Largo zu den nahen Everglades.

Doch egal, wie das Kajak beschaffen ist und wie lang oder kurz die Tour: Auf dem Wasser kommt man der Welt der Keys auf unnachahmliche, unmittelbare Weise nahe. Vor Little Palm Island sahen wir einen Kanadareiher, der nach geduldigem Warten geschickt eine gelbe, bleistiftlange Wasserschlange von der spiegelglatten Oberfläche fischte. Bei Key West erspähten wir in den Mangroven einen Leguan, eine nicht heimische Tierart; in unmittelbarer Nähe hockten zwei rote Mangrovenkrabben auf einem feuchten Stein. Beim National Key Deer Refuge in der Nähe von Big Pine Key bewegte ein gut halbmeterlanger Ammenhai das Wasser.

Randnotiz: Die U.S. Route 1 verläuft entlang der gesamten US-amerikanischen Ostküste, von der kanadischen Grenze in Maine bis hinunter nach Key West. Der über zahlreiche Brücken verlaufende Abschnitt von Key zu Key ist eine der bekanntesten Panoramastrecken der USA.

Der Rest der Welt gerät hier in Vergessenheit, und die Zeit verliert ihre Konturen. „Die Leute wollen hier ihrem hektischen Alltag entfliehen", sagte Jannarone. „Kajakpaddeln ist da die perfekte Flucht." Besonders stark schien diese Form der vorübergehenden Amnesie ausgeprägt, während ich mit mehreren Leuten von Big Pine Key auf Tour zu der seltsam benannten No Name Key war. Unweit dieser Insel warf unser Führer Bill Keogh den Anker des Zweizylinder-Außenborders, machte vier Kajaks los und schob uns ab, hinein in ein dicht von Seegras und roten Korallen überzogenes Flachwasserterrain. Wir wollten diesen Abschnitt der Keys ganz entspannt kennenlernen; hier sollten wir nun etwas tiefer vordringen. „Legt die Paddel weg", sagte er, „die sind hier überflüssig."

Indem er sich an den überhängenden Ästen entlanghangelte, lenkte er sein Kajak durch eine schmale Wasserpassage, eine Art natürlichen Tunnel durch den schummrigen Mangrovendschungel. Wir folgten. Köderfische flitzten unter unseren Booten umher, handtellergroße Quallen pulsierten in kleinen Tümpeln. Winzige Krebse tänzelten über das schlammige Ufer. Gut 50 m vom Zugang bot uns eine winzige Lichtung die Möglichkeit zu wenden, und wir kehrten zurück.

Als der Tunnel hinter uns lag und wir einen Moment ausruhten, fragte ich Andrew Clarke, einen New Yorker auf Urlaub, der schon seit einigen Tagen auf und im Wasser rund um die Keys unterwegs war, was er am Vortag gemacht habe. „Tja", meinte er, und blickte nachdenklich zu seiner Begleiterin hinüber, die gerade über einen Seegrasteppich paddelte. „Ich kann mich nicht entsinnen."

OCEAN KAYAK

HEISS, KALT, ERHOLSAM – AUF BIG ISLAND, HAWAII

Auf lavaspeiende Vulkane, schwarze Strände und reichlich Kona-Kaffee sind Sie eingestellt. Aber haben Sie auch Ihren Wintermantel dabei?

TEXT VON JEREMY W. PETERS
FOTOS VON MARCO GARCIA

Seite 214 Farne machen nur einen Bruchteil der pflanzlichen Vielfalt auf der Hauptinsel Hawaii aus, die neben tropischem Klima die unterschiedlichsten Mikroklimate verzeichnet.

Vorige Doppelseite Regennasse Straße bei Volcano, einem Dorf in der Nähe des Hawaii Volcanoes National Park.

Links Sonnenuntergang am Strand beim Four Seasons Resort Hualalai an der North Kona Coast von Big Island.

Gegenüber Ein Auslegerkanu, vom Hubschrauber aus fotografiert.

Frostbeulen und Höhenkrankheit hatte ich nicht einkalkuliert, als ich meinen Urlaub auf Hawaii plante. Doch hier saß ich nun und lauschte den Sicherheitshinweisen unserer Führerin Katie, die die kleine Touristengruppe gleich auf den 4205 m hohen Gipfel des Mauna Kea auf Big Island kutschieren würde – so wird Hawaii, die größte Insel des Archipels, auch genannt. Komplikationen erwarte sie nicht, denn wir waren alle in den Dreißigern und körperlich fit. Dennoch – sollte jemandem schwindlig werden oder kalt, trotz reichlich warmer Kleidung, so habe sie Sauerstoff und Winterjacken im Minibus.

So widersinnig uns das erschien, hier auf Meereshöhe, bei Märztemperaturen von über 26 Grad – völlig überrascht war ich nicht. Vor einer Woche hatte ich nach den Witterungsbedingungen auf dem Gipfel geschaut und wollte meinen Augen nicht trauen: Schneesturmwarnung. Ja, genau. Auf Hawaii.

Die „Große Insel" wartet mit einer gewaltigen geologischen Vielfalt auf – rauchende Vulkane, lebloses Hochgebirge, neblige Tropenwälder. Die Hotels heizen mit Kaminen gegen die kalten Abende an und bieten Gartenduschen für die heißen Nachmittage. Sand findet man hier in Weiß und Schwarz und Grün. Die Landschaft wirkt stellenweise derart unirdisch, dass man auf Spitznamen wie „Little Mars" trifft; beim Anblick der Weiden und Viehfarmen wiederum fühlt man sich beinah in den amerikanischen Westen versetzt.

Zum Mauna Kea waren wir – mein Partner Brendan und ich – von Hilo aus gestartet, mit 43000 Einwohnern die größte Stadt. Der unprätentiöse Ort gab für die ganze Reise den Ton vor, ein entspanntes Feeling, an das wir uns ganz schnell gewöhnen sollten.

Katie, die uns von Arnott's Lodge in Hilo vermittelt worden war, kutschierte uns und ein paar weitere Touristen in rund 90 Minuten die Straße zum Gipfel des Mauna Kea hinauf, den Zwischenstopp beim Besucherzentrum auf rund 2750 m – Akklimatisierung im Schnelldurchgang – nicht mitgerechnet. Kurz vor dem Gipfel gaben selbst das dornige Krummholz und die kleinen Bäume auf. Ringsum nichts als braunroter Fels. Und dann, blendend weiß, überfrorener Altschnee.

Bei pfeifendem Wind sahen wir mit froststeifen Gesichtern zu, wie die Sonne knapp westlich der in der Ferne aufragenden Insel Maui ins Meer tauchte. Unweigerlich musste ich an die Leute unten am Strand denken, die gerade denselben Sonnenuntergang in Sandalen und Badezeug beobachteten.

Bei unserer Reise waren wir auf Schritt und Tritt mit Hinweisen konfrontiert, dass die Natur dem Menschen auf dieser Insel kein großes Gefühl der Sicherheit gönnt. Die täglichen Radiomeldungen zum aktuellen Stand der Lavaströme – die Insel weist drei aktive Vulkane auf – machten dies ebenso deutlich wie die schwelenden Wälder, die langsam von der vorrückenden Lava verschluckt werden,

Oben Ein Einkaufsladen in Hawi, einem 1000-Seelen-Ort nahe der Nordküste.

Gegenüber Das Mauna Kea Observatory auf dem Gipfel des gleichnamigen Vulkans. Schneeflecken verdeutlichen, welche Temperaturen auf dieser Höhe – gut 4200 m – vorherrschen.

und der Rest Asphaltdecke, das letzte Überbleibsel einer Straße im Hawaii Volcanoes National Park. Der besonders aktive Vulkan Kilauea droht das Dorf Pahoa zu vertilgen. Überall wird man an die Tsunami-Gefahr erinnert – durch die auffälligen Sirenenmasten entlang der Straßen der Küstenregionen ebenso wie durch die Ausschilderung der jeweils schnellsten Evakuierungsroute.

Zerstörung und Neuerschaffung sind auf Hawaii ununterbrochen am Werke. Den unbestreitbar besten Eindruck davon vermittelt ein Rundflug mit dem Hubschrauber. Anfangs war ich skeptisch, doch sobald ich heute daran zurückdenke, ersteht vor meinem inneren Auge die Erinnerung an den Blick von oben auf den aktiven Vulkan neu. Wir wählten die „türlose" Variante, die genau das ist, wonach es klingt – und noch haarsträubender, als man es sich sowieso schon vorstellt. Doch mit einer Fensterscheibe dazwischen wäre es tatsächlich weit weniger eindrucksvoll gewesen.

Für unsere Erkundungen des Nationalparks machten wir Volcano zu unserem Basislager, ein Nest direkt vor seinen Toren. Hier, auf knapp 1200 m Höhe, ist es gute zwölf Grad kühler als auf Meereshöhe. Zugleich liegt der Ort mitten im Regenwald – sowohl vom Strand unten als auch von den verschneiten Gipfeln oben um Welten entfernt.

Bei Tag fuhren wir bis zu dem Punkt hinab, wo das Schutzgebiet an den Ozean grenzt. Die Straße wand sich durch Lavafelder, die wie das Filmset eines Alien-Thrillers wirkten, leblos und braun. Bei Nacht sahen wir den glühenden Widerschein des Kraters auf dem Gipfel des Kilauea, vom Himmel zurückgeworfen.

Unsere beiden letzten Nächte verbrachten wir an der wärmeren, trockeneren Westküste im Four Seasons,

Randnotiz: Unter Geologen gilt der Mauna Kea als der höchste Berg der Erde. Vom Meeresgrund gemessen beträgt seine Höhe über 10 000 Meter. Den Gipfel des Vulkanbergs schätzen aufgrund der Höhenlage, der Abwesenheit von Lichtverschmutzung und des meist klaren Himmels Astronomen besonders.

unterhalb des Hualalai. Unser elegant eingerichtetes Zimmer lag nur wenige Schritte vom Strand entfernt, im Einschlafen hörten wir das Rauschen der Brandung. Der Luxus, den ein solches Hotel zu bieten hat, spielt für die meisten Besucher allerdings eine untergeordnete Rolle. Die eigentliche Attraktion dieser Insel war während unserer Fahrt zur Nordküste unübersehbar: Ein Miniatur-Ökosystem löste das andere ab, von kakteenübersäten Lavafeldern über smaragdgrüne hügelige Viehweiden bis hin zu kiefernbestandenem Flachland.

Zu Mittag aßen wir Sushi in Hawi, dessen Architektur wie bei etlichen der hawaiianischen Straßendörfer direkt dem Wilden Westen nachempfunden scheint. Die Läden und Restaurants sind aus Holz errichtet und zur Straße hin weit überdacht. Mehrere ausgezeichnete Cafés hatten geeisten Kona-Kaffee und Eiscreme im Angebot, dazu fand sich eine beeindruckende Vielfalt an Kunst und Kunsthandwerk von Künstlern aus der Region.

Wir stiegen ins Polulu-Tal hinab, eine von mehreren tiefen Schluchten, die sich vom Nordufer her ins Land ziehen und von Wasserfällen und üppiger Vegetation geprägt sind. Unten trafen wir auf einen schwarzen Sandstrand und lichten Kiefernwald. Palmengesäumte Strände kannte ich, ein kieferngesäumter aber war mir neu.

Auf der Rückfahrt zum Hotel über die Berghöhen sahen wir die Schneeflecken auf dem Gipfel des Mauna Kea leuchten. Wir mussten an die Menschen denken, die dort oben frierend nach Luft schnappten, und riefen das Hotel an, um uns zwei Stühle am sonnigen Ruhepool zu reservieren. Ein wenig Erholung war jetzt definitiv angesagt.

Oben Flüssige Lava in einer Spalte in der Schulter des Kilauea. Eine solche Perspektive bietet sich nur beim Rundflug mit dem Hubschrauber.

Gegenüber und folgende Doppelseite Lavaseen im Halemaumau-Krater am Kilauea – einmal aus der Luft betrachtet, einmal von Wanderern bestaunt.

VON INSEL ZU INSEL FÜR EIN STÜCK SCHOKOLADE

Kostproben, Kakaoplantagen und Kakao-Bellinis beim Inselhopping in der Karibik, dazu jede Menge Sonnenbaden.

TEXT VON BAZ DREISINGER
FOTOS VON MERIDITH KOHUT

Seite 226 Beim Abschlagen der Kakaofrucht vom Stamm ist Vorsicht geboten – hier auf dem Delft Cocoa Estate in den Montserrat Hills im Inland von Trinidad. Die Schokoladenindustrie stellt hier einen Hauptwirtschaftszweig dar; auch auf anderen Karibikinseln ist Kakao eine wichtige Nutzpflanze. Eine Schokoladentour führt idealerweise über mehrere Inseln.

Links Eine Praline von Cocobel Chocolate auf Trinidad.

Gegenüber Ein „Kakaotanz" für Touristen auf dem Fond Doux Estate auf St. Lucia.

Als ich eines Morgens auf St. Lucia aus glückseligen Träumen erwachte, fand ich mich in eine herrliche, reife Kakaofrucht verwandelt. Na ja, jedenfalls in meiner Fantasie, frei angelehnt an den ersten Satz aus Franz Kafkas *Die Verwandlung*. Drei dekadente Tage lang hatte ich mich an Leckereien wie schokoladengefüllter Leberpastete, kakaopaniertem Wahoo, Kakao-Cashew-Granola und Kakao-Bellinis gütlich getan. Man hatte mich mit einer Kokosölmassage verwöhnt, ich war durch Kakaoplantagen gewandert und hatte selbst Schokolade gemacht. Die Morgendämmerung trug den würzigen Duft der Kakaobäume herein, denn ich wohnte direkt auf einer üppig grünen Kakaofarm und schlief in einer Kakaoschale – zumindest symbolisch: Das Boutiquehotel Chocolat auf St. Lucia bezeichnet seine Räume als „Luxushülle". Hier dreht sich alles um das Wesen der Schokolade, bis hin zum grandios minimalistischen Dekor mit glänzenden Mahagoniböden und einem elfenbeinfarbenen Bad mit Regendusche unter freiem Himmel.

Die Verknüpfung von Tourismus und Landwirtschaft sowie das Engagement rund um den Kakao fügen sich hier nahtlos in einen neuen karibischen Trend, den man als Schokotourismus bezeichnen könnte. Anlaufpunkte gibt es viele: in Belize, das alljährlich mit dem Schokoladenfestival von Toledo die kakaobefeuerte Lokalkultur feiert; auf Barbados, wo die Agapey Chocolate Factory beheimatet ist; auf Grenada, wo die Grenada Chocolate Company 1999 mit Führungen durch Schokoladenfabrik, Kakaoplantage und Bon Bon Shop den Trend anstieß.

Mein eigener Schokoladenweg führte mich über vier Inseln mit drei verschiedenen Sprachen. Er begann in Trinidad, wo die Kakao verarbeitende Industrie ein solcher Wirtschaftsfaktor ist, dass die University of the West Indies ein Kakaoforschungszentrum betreibt. Als ich die wuchernde Hauptstadt Port of Spain hinter mir ließ, fand ich mich im Grünen wieder: wogende Hügel, idyllische Pflanzenverkäufe, über die Straße flitzende Leguane.

In den Montserrat Hills hieß mich Lesley-Ann Jurawan willkommen, Eignerin der Delft Cocoa Plantations und der Marke Violetta Fine Chocolates, während mich Schmetterlinge umschwärmten. In einem Käfig krächzte ein Papagei. Ich erfuhr, dass es auf Trinidad schon lange eine eigene Kakaosorte gibt, den Trinitario. Die Hybride ist eine der drei weltweit am häufigsten angebauten Sorten und vereint die komplexen fruchtigen Noten der edlen Criollo-Bohne mit der Gesundheit des ertragreichen Forastero-Kakaos. Der vor allem aus Westafrika exportierte Forastero gilt als Konsumkakao; aus ihm werden gut 70 Prozent der handelsüblichen Schokoladen hergestellt.

Ich probierte von einer Trinitario-Frucht – mild, säurereich und doch süß. Ich sah in großen Gefäßen fermentierende Bohnen und Fruchtfleisch und Trockenschuppen aus Blech, deren Dächer sich öffnen ließen. Schließlich reichte mir Ms Jurawan eine Tafel Schokolade aus ihrer Fertigung.

Oben Geöffnete Kakaofrucht. Weißes Fruchtfleisch umhüllt die von Natur aus dunklen Kakaobohnen.

Gegenüber Mit Initialen versehene Pralinen des Hotel Chocolat auf St. Lucia. Der dazu verarbeitete Kakao stammt vom Rabot Estate, der mit dem Hotel eine Marke bildet.

Der fruchtige, würzige Geschmack machte einen Moment lang nachvollziehbar, warum die Mayas sich einer guten Kakaoernte angeblich mit Menschenopfern versicherten. Diese Schokolade war zum Sterben gut.

An einem anderen Tag ließ ich mich von Gail's Exclusive Tour Services in den Regenwald der Northern Range Mountains entführen. Im Besucherzentrum in Brasso Seco reichte man mir die beste Trinkschokolade meines Lebens. Dann folgte ich einem Führer durch eine mehrere Tausend Quadratmeter große Criollo-Plantage, deren Bäume schwer mit roten und gelben Früchten behangen waren.

Nächste Etappe: Trinidads Schwester, die Urlaubsinsel Tobago. Auf der Lichtung beim Tobago Cocoa Estate am Rande des Main Ridge Forest Reserve, wo ich den Wagen abstellte, begrüßt mich eine Frau mit Machete in der Hand. Noch vor Kurzem sei hier alles überwuchert gewesen, erklärt sie, die Rodungsarbeiten hätten fünf Jahre in Anspruch genommen. Jetzt erstreckt sich dort auf gut 7 ha ein paradiesisches Anwesen mit über 22 000 Kakaobäumen unter ebenfalls fruchttragenden Schattenspendern: Kirschen, Zitronen, Guaven, Mangos, Avocados.

Ich steige einen Hügel hinauf bis zu einem Pavillon, wo ich von einer Kakaofrucht nasche. In der Geschenkboutique versorge ich mich mit „Single Estate"-Schokolade mit 70 Prozent Kakaogehalt. „Single Estate" und „Single Domain" bezeichnen die Herkunft der Bohnen, dies sind die edelsten Schokoladen.

Nach ein paar am Strand von Tobago verbummelten Tagen verlege ich mein Quartier nach St. Lucia, ins Hotel Chocolat auf dem Rabot Estate. Zu der Marke Rabot Estate gehören außerdem das international gehandelte Schokoladenlabel gleichen Namens, die Restaurantkette

***Randnotiz:** Die Karibik ist ein beliebtes Ziel von Kreuzfahrtschiffen, und so kann eine Tour, die Kakao produzierende Inseln anläuft, die Möglichkeit bieten, alles rund um die Schokoladenproduktion zu erfahren. Es gibt sogar spezielle Seereisen, die die Schokolade zu ihrem Thema machen.*

Boucan, dazu Schokoladencafés in diversen europäischen Städten und mehrere „Roast & Conch"-Chocolaterien.

Einen Tag lang gebe ich mich den Verführungen des Rabot Estate hin. Eine Wanderung zum höchsten Punkt der Plantage belohnt mich mit einem Rundumblick über die Karibik. Der „Bean to Bar"-Schnellkurs umfasst eifriges Mörsern mit ein wenig Kochshow-Schummelei (als ich meine Schokolade in die Form umfüllen soll, erscheint wie von Zauberhand ein Schälchen mit flüssiger Schokolade), die Führung „Tree to Bean" und einen Einblick in fairen Handel à la Rabot Estate.

Vier Tage bleibe ich in diesem Teil von St. Lucia, der von schwarzen Stränden, Wasserfällen und Mineralquellen geprägt ist.

Jedes Feinschmeckerabenteuer sollte seinen Abschluss mit Rum und Schokolade zum Frühstück finden. Dafür begebe ich mich auf eine Tagesreise zum benachbarten Martinique. Der 20-minütige Flug verbindet zwei radikal unterschiedliche Welten. Unwirklich fühle ich mich auf der französischen Insel angesichts des Flughafens von europäischer Eleganz, der mehrspurigen Straße und schließlich des modernen Ladengeschäfts der Frères Lauzéa. Darin standen Vitrinen mit Trüffeln in 35 Geschmacksrichtungen, von Banane und Curry-Basilikum bis hin zu Guave und Mokka, eine jede Praline mehrfarbig verziert.

Zwei Herren im schwarzen Anzug fahren sechs Jahre alten Rhum vieux von Martinique auf, dazu Ganache. Das Prozedere: Rum nippen, schlucken; Schokolade knabbern; wieder nippen, Rum und Schokolade zusammen schlucken. Single-Malt-Finish-Rum zu bitter-pikanter Orangenschokolade, Litschi-Trüffel zu süßem, am Gaumen rundem Rum. So etwas gibt es nur in der Karibik.

Oben Zu französischen Kolonialzeiten war Soufrière die Hauptstadt von St. Lucia; dominiert wird der Ort von den Pitons, zwei Vulkangipfeln, die als Wahrzeichen der Insel gelten.

Unten Im Hotel Chocolat erfahren die Touristen viel Wissenswertes über Kakao als landwirtschaftliches Produkt.

Gegenüber Der Fond Doux Estate, eine prämierte Plantage mit Boutiquehotel auf St. Lucia.

Folgende Doppelseite Sonnenuntergang bei Soufrière.

ZEITLOSE ERINNERUNGEN AN BERMUDA

Rosa Strände, Bougainvilleen, Seersucker, dazu Abenteuer auf Motorrollern und Jetskiern.

TEXT VON ANDREW McCARTHY
FOTOS VON TONY CENICOLA

Seite 236 Meerblick mit Oleander: Stellen wie diese findet man auf Bermuda zu Dutzenden.

Links Hofeingang im Städtchen St. George's, das zum UNESCO-Weltkulturerbe zählt. Nach einem Bummel durch den Ort schmeckt ein Fischsandwich von Art Mel's Spicy Dicy.

Gegenüber Bermuda aus der Perspektive des Rollerfahrers.

Folgende Doppelseite Bermuda, für seine rosigen Sandstrände, Golfplätze und Jachthäfen bekannt, war einst ein britischer Flottenstützpunkt. Inzwischen tummeln sich hier Sportangler und Wracktaucher.

Unser Roller brauste an einem Hinweis vorbei, ich registrierte ihn nur halb. Und doch blieb etwas in meinem übermüdeten Hirn hängen, und meine Gedanken wanderten zurück, weit in die Vergangenheit. War es hier?

Geplant war diese Suche nach Spuren alter Abenteuer nicht. Ich war mit meiner Familie nach Bermuda geflogen, um ein paar Tage zu entspannen – so, wie mein Vater mit uns drei Kindern dorthin gereist war, als ich neun war, damit meine Mutter zu Hause einmal durchatmen konnte.

Von jenem Urlaub hatte ich nur noch wenige Bilder im Kopf. Ein missglückter Tauchversuch. Ein Ausflug auf einem Motorroller, wie sie damals zu Tausenden über die Insel knatterten, ich hinten als Beifahrer, fest an meinen Vater geklammert. Der Name unseres Hotels war allen längst entfallen.

Inzwischen selbst dreifacher Vater, hatte ich mich mit Frau und Kindern im Elbow Beach Resort einquartiert, einem der traditionsreicheren Häuser der Insel. Seine Bungalows liegen auf einem Anwesen, das sanft zu einem nahezu kilometerbreiten Strand abfällt – feinster rosiger Sand, türkisgrünes warmes Wasser.

Ein Urlaub mit Baby ist nie ganz einfach, was aber manchmal durch eine morgendliche Überraschung wettgemacht wird. Ohne Rowan wäre ich nie zu so früher Stunde am Wasser gewesen, als der Himmel gerade hell wurde. Zum ersten Mal in seinem Leben war er am Strand, verblüfft zunächst, dann völlig verzaubert. „Warum zeigst du mir das erst jetzt?“, fragte sein Blick. Von nun an waren wir jeden Morgen dort.

Hört man „Bermuda“, dann hat man Bilder von pastellfarbenen Häuschen mit Walmdach vor Augen, von Hügeln voller Bougainvilleen und von erwachsenen Männern in farbenfrohen Shorts, die dazu lange dunkle Socken und nicht selten einen Blazer kombinieren. Seersucker braucht man nicht lange zu suchen. „Warum ziehen die Männer das an?“, fragte Willow, unsere achtjährige Tochter. Ich stotterte mir etwas über Tradition und britische Kultur zurecht und stellte schließlich fest, dass ich eigentlich keine Erklärung hatte.

Während Bermuda noch immer mit seiner kolonialen Vergangenheit kokettiert, ist die angestaubte Etikette, die ich hier als Kind beobachtete, offenbar im Rückzug begriffen. Heute ist beim frühen Abendessen das Jackett nicht mehr Pflicht – wo immer wir spätnachmittags einkehrten, ging es leger und entspannt zu.

Problemlos hätten wir unsere Tage an Strand und Pool verbummeln können, doch hin und wieder rissen wir uns los. In den Crystal Caves bestaunten wir Tropfsteinvorhänge und unterirdische Seen. Mit der Nachmittagsfähre fuhren wir zum neu belebten Royal Naval Dockyard, wo himmelhoch aufragende Kreuzfahrtschiffe am Kai lagen und unsere Sprösslinge mit zahmen Delphinen schwammen. Willow war begeistert, später aber wurde sie nachdenklich: „Ob sie wohl lieber frei wären?“

KEEP LEFT

SEADOO
R616
R614

Gegenüber Früher ankerten im Royal Naval Dockyard Schiffe zur Verteidigung britischer Interessen im Atlantik; heute liegen hier Kreuzfahrtschiffe und Jetskier.

Rechts Auf dem Gelände der ehemaligen Marinebasis befindet sich nun das Nationalmuseum von Bermuda, bewacht von einer Neptunstatue.

Unten Historische Kostüme auf dem Rasen des Royal Naval Dockyard. Wer genauer hinschaut, findet hier reichlich interessante Geschichte.

Folgende Doppelseite Die Crystal Caves mit Stalaktiten und unterirdischen Seen.

Oben Gates Fort entstand um 1612 in der Nähe von St. George's als Verteidigungsanlage für den Hafen.

Gegenüber Bonbonfarben sind charakteristisch für Bermuda, hier als Anstrich der typischen Häuschen.

Folgende Doppelseite Hinter einem sonnengebleichten Fischerboot am Kai von St. George's sieht man ein ungewöhnlich dynamisches Standbild von Admiral Sir George Somers, dem Gründer der ersten Kolonie auf Bermuda.

In der UNESCO-Welterbe-Stadt St. George's am nördlichen Ende der Inselgruppe flanierten wir durch schmale Gassen mit altertümlichen Laternen und aßen Eiscreme. Hinter dem Tresen von Art Mel's Spicy Dicy bediente uns souverän ein rundlicher, dunkelhäutiger Mann mit Goldzahn. „Ich mache Ihr Sandwich so, wie ich es selbst am liebsten mag", zwinkerte Mel mir zu. Der Bermuder, mit bürgerlichem Namen Arthur Smith, türmte frisches Schnapperfilet, Salatblätter und gebratene Zwiebeln auf duftendes weiches Brot und gab Remouladensauce dazu – das beste Fischsandwich, das ich je gegessen habe.

Überall auf der Insel war das Essen besser, als ich es aus Kindertagen in Erinnerung hatte. Während sich der Himmel violett färbte, saßen wir in der Hauptstadt Hamilton im Harbourfront Restaurant, aßen Sushi und ermahnten unsere Kinder halbherzig, den Fischen, die sich hoffnungsvoll unterhalb der Terrasse versammelten, keine Reiskörner zuzuwerfen.

Paradoxerweise kann es auf einer so feudalen Insel wie Bermuda leicht geschehen, dass man nur aufs trockene Land blickt. Dem sollte ein Jetski-Ausflug abhelfen. Daniel Paterson von Sea Venture Watersports, ein junger Einheimischer, führte uns hinaus in die Riddell's Bay. Meinen Sohn hatte ich sicher vor mir, meine Tochter klammerte sich von hinten fest – nun aber Vollgas. Schon preschten wir quer durch die Bucht, lachten aus vollem Halse.

Auf den Straßen waren wir weniger mutig. Vielleicht ist es der übergroßen elterlichen Fürsorge geschuldet, die so typisch ist für meine Generation, vielleicht herrscht inzwischen mehr Verkehr als vor Jahren – jedenfalls fand ich es schwer nachzuvollziehen, wie mein Vater damals mit mir so unbeschwert herumgondeln konnte.

Randnotiz: Alle zwei Jahre machen sich Segeljachten von Newport, Rhode Island, auf den Weg, die 635 Seemeilen bis Bermuda in Bestzeit hinter sich zu bringen. Das Newport Bermuda Race zählt zu den ältesten Regatten weltweit. Die Inselgruppe ist bis heute britisches Überseegebiet und ein beliebtes Urlaubsziel.

Dennoch – ich wollte ihm darin nicht nachstehen, und so setzte ich eines Abends meinen Sohn hinter mich auf einen Roller, um eine Runde zu drehen. Schon nach wenigen nervenaufreibenden Minuten hatte ich genug und wendete. Genau da fiel mir in der einsetzenden Dämmerung der lange vergessene Hinweis ins Auge. In schwarzen Lettern stand unten an einer weiß gekalkten Wand: „White Sands" – dazu ein Pfeil, der einen holprigen Pflasterweg hinunterwies. Das war er, der Name, an den sich keiner hatte erinnern können! Ich wendete erneut.

„Wo willst du hin?", fragte mein Sohn. Es ging über eine kleine Anhöhe und dann, unter Vermeidung der schlimmsten Schlaglöcher, hinab zur Grape Bay. Dort lag ein altes Hotel, offenbar schon lange geschlossen – die Schilder sagten mir nichts. In der Abenddämmerung drehten wir eine Runde um das Gebäude. Ich grub in meinem Gedächtnis. „Wo sind wir?", fragte Sam. „Ich bin mir ziemlich sicher, dass ich hier früher schon einmal übernachtet habe. Da war ich etwas kleiner als du", erklärte ich ihm. „Echt?" – „Damals sah es schöner aus", beteuerte ich meinem Sohn.

Eine Nachbarin, die gerade ihren kleinen schwarzen Hund ausführte, bestätigte, woran ich mich zu erinnern glaubte. Genau hier war ich als Junge gewesen. Ich musste daran denken, wie sich mein Vater vor über 30 Jahren mit uns dreien abgemüht hatte, ohne dass unsere Mutter zugegen war, um ihm zur Hand zu gehen.

Sam brach den Bann: „Können wir weiter, Dad?" Langsam wendete ich in weitem Bogen. Wie gut, dass meine Frau auf die beiden Kleineren aufpasste. Ich musste zurück und ins Bett. Ich hatte nämlich eine Strandverabredung, noch vor dem Morgengrauen.

C270

MESSAROUND

WELLENPARADIES BARBADOS

Auf der Luvseite der beliebten Karibikinsel überschlagen sich die Wellen – und machen sie zu einem kaum bekannten Surferparadies.

TEXT VON DANIELLE PERGAMENT
FOTOS VON TODD HEISLER

Seite 250 Ein Surfer in der Soup Bowl. Diesem Spot an der Ostküste von Barbados wird eine der weltweit besten Brechungslinien nachgesagt. Trotzdem erfreuen sich viele andere Locations deutlich größerer Bekanntheit.

Links Snake war einer der Ersten, die sich in die gewaltige Soup Bowl wagten. Die einheimischen Wellenreiter tragen fantasievolle Spitznamen: Snake, Chicken, Buju, Yellow.

Gegenüber Ausritt am Surfer's Point.

Eine Szene wie diese erwartet man eher auf der Nordseite der hawaiianischen Insel Oahu oder an der australischen Goldküste: 5 m hoch baut sich die Woge auf, die auf die drei Surfer zurollt. Einer von ihnen paddelt hinein, springt aufs Brett und steht plötzlich auf der Welle – die Kraft von Tausenden Kubikmetern Wasser treibt ihn gen Ufer. Er wendet, nimmt links herum Fahrt auf, kehrt scharf nach rechts, hockt sich nieder, wirft sich, die Hände an der Brettkante, 1,5 m über den Wellenkamm in die Luft. Rotiert, hinter sich eine weiße Spur aus Wassertröpfchen, und landet mit trügerischer Leichtigkeit auf der Welle, während diese herabsinkt und sanft zum Ufer ausläuft.

Dies aber ist nicht Pipe, Indo oder wie auch immer die berühmten Spots heißen, die die Surfnomaden der Welt anlocken. Diese perfekte Riesenwelle rollte auf die Ostküste von Barbados zu, und das einzige Publikum am heutigen Tag war der Palmensaum an einem leeren Strand.

Barbados, am Südende der Kleinen Antillen gelegen, ist die östlichste der karibischen Inseln. Die Westküste ist berühmt für feinste Sandstrände, trinkwasserklares Wasser, gepflegte Anwesen, makellose Resorts und Golfplätze – die „Platin-Küste", benannt nach dem glitzernden Ufersaum und der bevorzugten Kreditkarte. Dies ist das Barbados der Reiseveranstalter und Reiseführer, und doch nur die halbe Geschichte.

Auf der Ostseite von Barbados findet sich der Besucher in einer anderen Welt wieder. Ausgedehnte Zuckerrohrplantagen und dichte Wälder, in denen wilde Affenhorden durch die Bäume turnen, trennen diese raue Seite der Insel von der Welt der Nobelhotels. Es ist das Barbados vor allem der Einheimischen.

Bathsheba, der größte Ort im Osten der Insel, wirkt wie ein Tummelplatz von Sagengestalten. Gigantische Kalksteinbrocken liegen im Flachwasser verstreut, als hätten Riesen gerade ihr Spiel unterbrochen. Der Wind, der bereits viele Tausend Kilometer Atlantik hinter sich hat, fegt unbarmherzig über Land und Hügel. Die herandrängende warme Luft hat die Berghänge ausgehöhlt, die Palmen landwärts gebogen, ihre seeseitigen Wedel zerschlissen. Ungebremst rollt die Dünung heran. Über Jahrhunderte hinweg haben die salzlastigen Böen die Küstenlinie geformt, unerbittlich wie von Göttern ausgesandter Sturm.

Wie an jedem abgelegenen Ort trifft man auch hier auf ganz eigene Gestalten. In Bathsheba begegnen mir Namen wie Buju, Yellow und Chicken. Ehrerbietung wird Snake zuteil, dem Begründer des Wellenreitens auf Barbados, und keiner wäre so dumm, sich zu Smoky auf die Welle zu drängeln, wenn der schlechte Laune hat.

Die eigentliche Diva hier ist jedoch Soup Bowl, die größte Welle der Insel und ein weltberühmter Surfspot. „Wenn die Soup Bowl gut drauf ist, verpasst sie dir Gänsehaut", sagt Melanie Pitcher, Surflehrerin und Eigentümerin von Barbados Surf Trips. Auf der Terrasse der Sea Side

Oben Straßenszene in Bathsheba. Die Westseite von Barbados dominieren private Anwesen, Resorts, Golfplätze und Touristenstrände; die Ostküste gehört den Einheimischen.

Gegenüber Geübte Wellenreiter zieht es zur Soup Bowl, doch die Insel hat auch viele andere Spots zu bieten, vom Anfängerlevel aufwärts. Hier verfrachtet ein Surflehrer am Surfer's Point Bretter auf seinen Transporter, bevor er sich mit seiner Gruppe auf den Weg zum Strand macht.

Folgende Doppelseite Surfer unterwegs zum Strand.

Bar an der Hauptstraße – der einzigen Straße – verputzen wir zu Mittag gebackene Fliegende Fische mit Reis und Bohnen und schauen dabei zu, wie die Dünung eine Wasserwand nach der anderen aufstellt. Surfer sind keine zu sehen, ein paar Leute am Ufer lassen das Spektakel auf sich wirken. „Wenn die Welle sauber bricht, kommen die Leute nach der Arbeit an den Strand und schauen zu", sagt sie. „Das ist Magie pur."

Auf der Karte wirkt Barbados, als wollte es sich in Richtung offener Atlantik verabschieden – und genau dies macht die Soup Bowl so perfekt. Jede Welle, die auf diese kleine tränenförmige Insel trifft, hat eine 5000 km weite Reise über den offenen Ozean hinter sich, ohne dass ihr eine Sandbank, ein Riff oder eine Landmasse in die Quere gekommen wäre. Und nur die leidenschaftlichsten Surfer haben die Insel auf dem Schirm.

Der Wind und die Wogen, mit denen Barbados gesegnet ist, sind natürlich längst kein Geheimnis mehr, trotzdem rangiert Barbados weit hinter den berühmten Surferparadiesen. Was die Zukunft betrifft, sind die Einheimischen geteilter Meinung – manche argumentieren voller Ernst, die Insel müsse bei den Wellenanbetern bekannter werden, während andere befürchten, die Folge wären Bauwut und Gedränge an den besten Surfspots. An großen Abschnitten der Ost- und Südküste zeigen sich bereits die typischen Begleitelemente lässiger Surferoasen – improvisierte Bierbuden, Straßenstände mit Backfisch, preisgünstige blau bemalte Guesthouses.

Die Einheimischen weisen gern darauf hin, dass sich Barbados vor allem durch eines auszeichnet: Hier findet jeder die passende Welle. „Nirgends gibt es so konstante kleine und mittlere Wellen wie hier", erklärt Zed Layson,

***Randnotiz:** Britische Lebensart prägt Barbados, das 1966 die Unabhängigkeit von Großbritannien erlangte, bis heute. Man spricht Englisch, der Nationalsport ist Kricket, die Autos fahren im Linksverkehr, und Politik ist ein sehr gewichtiges Thema.*

Betreiber von Zed's Surfing Adventures. „Schließ die Augen und tipp mit dem Finger auf den Kalender – egal, bei welchem Tag du landest, Barbados hat die perfekten Wellen für Anfänger und Fortgeschrittene."

Auch Windsurfer finden hier ihr Glück. Bei Silver Sands an der Südspitze der Insel trifft der Atlantik auf die Karibik. An diesem Küstenabschnitt wechseln sich ruhige Buchten, die ideale Surfbedingungen bieten, mit raueren Landspitzen ab, wo die Brise einen Kitesurfer schon einmal bis zu 10 m in die Luft hebt.

Bevor ich Barbados verließ, um in meinen strandfernen Alltag zurückzukehren, fuhr ich noch ein letztes Mal nach Bathsheba. Die Soup Bowl war höher als zuvor. Zwei Surfer standen am Strand und begutachteten die brechende Welle, vermutlich dachten sie auch über ihre Überlebenschancen nach.

„Das sind heute glatt 6 m", meinte der Rettungsschwimmer, ein groß gewachsener, sehniger Mann, den alle nur Chicken nannten. „Ich hoffe, die Typen gehen nicht rein. Solche Touristen, die sich einbilden, sie wüssten, was sie tun, muss ich dann meist rausziehen."

Die Surfer wollten es anscheinend darauf ankommen lassen – sie befestigten ihre Knöchelbänder. Chicken schnalzte mit der Zunge. „Der Soup Bowl ist deine *leash* egal", kommentierte er kopfschüttelnd. „Die Welle könnte auch ein Board aus reinem Stahl verbiegen. Die hat einen ganzen Ozean überquert, wurde nirgends abgebremst. Die kann dich komplett zerlegen. Aber sie kann dich auch gernhaben, die schönste Welle der Welt. Genau wie eine Frau – es kommt ganz auf ihre Laune an."

DIE „NATURINSEL" DOMINICA

Eine Karibikinsel mit nur wenigen Stränden lockt mit Erlebnissen der anderen Art: Flüssen, Wasserfällen und langen Wanderungen durch den Regenwald.

TEXT VON JEANNIE RALSTON
FOTOS VON SASHA MASLOV

Seite 258 Lange Wurzeln hängen von den Bäumen an der Felswand der Victoria Falls herab. Die Einheimischen bezeichnen sie als „Baumbart".

Links Typischer Blick über die Insel, die zu zwei Dritteln von Regenwald bedeckt ist.

Gegenüber Auf dem Abstieg zu Wavine Cyrique sollte man trittsicher sein. Knapp 500 km Wanderwege gibt es auf Dominica, der „Naturinsel", wie sie sich mit vollem Recht nennt.

Als mir klar wurde, dass ein paar Seile und Wurzeln mein einziger Halt auf dem 100 m langen Abstieg die Klippe hinunter sein sollten, stockte mir der Atem. Unten warf sich der Atlantik gegen große Felsblöcke. Wehmütig dachte ich an vergangene Karibikurlaube, bei denen meine Hauptbeschäftigung im Stemmen bunter Drinks am Strand bestanden hatte. Doch auf Dominica war ich nicht zum Faulenzen. Ich packte das Seil und machte mich rückwärts an den Abstieg. Mein Ziel war Wavine Cyrique, als eine der schönsten Stellen der Insel empfohlen.

Und das war keine Übertreibung. Nachdem uns an den Seilen ein Regenschauer überrascht hatte, der einem Froschchor den Auftakt gegeben und den Fels rutschig gemacht hatte, standen wir endlich auf dem schwarzen Sandstrand. Von der Klippe stürzte sich ein Wasserlauf 50 m tief in die heranrollende Flut des Atlantiks.

Drei Jahre hatte meine Freundin Ellesor vergeblich versucht, mich zu einer Reise nach Dominica zu überreden – so lange diente ihre Nichte Menke dort bereits im US-Friedenskorps. Mir aber schienen Karibikinseln allmählich austauschbar, nichts als weißer Strandsaum und die vier „S": Sonne, Sand, See, Sonnenschutzfaktor. Doch als Menke schließlich auf Ellesors Veranlassung eine Liste ihrer liebsten Aktivitäten dort schickte, sprangen mich mehrere Worte sofort an: Wandern, Klettern, Wasserfälle, Bergseen – und „ein völlig neues Karibikerlebnis". Schon hatte sie mich am Haken.

Obwohl Dominica zu den größeren Inseln der Kleinen Antillen zählt, ist sie relativ unbekannt. Der Name gibt mitunter Anlass zur Verwechslung mit der dichter besiedelten Dominikanischen Republik, doch er spricht sich anders: „Do-mi-NIE-ca". Die Insel ist geologisch jung, ausgedehnte weiße Strände sucht man hier vergeblich. Stattdessen gibt es mehrere aktive und schlafende Vulkane und, wie mir ein Einwohner erklärt, „mehr Berge als Menschen". Die zumeist schwarzen oder goldenen Strände sind wie Kommas zwischen die Felsklippen gefügt.

Das Innere von Dominica, der „Naturinsel", hält zahllose Wunder bereit, darunter 365 Wasserläufe („bei Regen sind es 400", sagt Menke) und Dutzende Wasserfälle. 480 km Wanderwege gibt es auf der Insel, einer durchzackelt das Inland auf ganzer Länge. Ein Fünftel des Landes ist durch Nationalparks geschützt, und die ganze Insel wirkt gut zugänglich und authentisch. Die führenden Hotels sind Ökoresorts, still im Dschungel gelegen oder nah an Klippen mit weitem Meeresblick, und viele versorgen sich selbst mit Sonnen- oder Windenergie.

Bei unserer Rundfahrt (Linksverkehr!) passierten wir quirlige kleine Orte, so quicklebendig wie die Farben ihrer bunten Häuser in Limettengrün, Knallpink, leuchtend Gelb. Handgemalte Verkehrszeichen warnten „Vorsicht Leguane". In jedem Ort trafen wir auf die sogenannten rum shops – kleine Buden mit großen Fensterklappen, die Drinks werden einfach hinausgereicht. Auf dem goldenen

Vorige Doppelseite Vulkangebirge und 365 Wasserläufe prägen die Insellandschaft, darin zahlreiche Flecken von faszinierender Schönheit, wie dieser im Regenwald verborgene Bachtümpel.

Oben Voll im Blick und dennoch fast übersehen – zwischen den bunten Blättern ist für diese Süßwasserkrebse ein leuchtendes Farbkleid die beste Tarnung.

Gegenüber Frische Zutaten für ein Lunch im Rastarant, einem rustikalen Ort der Einkehr unweit der Victoria Falls.

Sand der kleinen Strände pausierten farbenfrohe Fischerboote zwischen zwei Fischzügen; Fischer werkelten an neuen Booten oder zerteilten den Tagesfang in verkaufsgerechte Portionen. Im Dschungel sahen wir Männer, die Stämme zurechtsägten, um darauf ihre Jamswurzeln feilzubieten. Die Trafalgar Falls schienen überwiegend von Inselbewohnern besucht. Unterhalb dieser Zwillingsfälle liegen Tauchbecken mit kühlem Wasser in unmittelbarer Nähe von Thermalbecken, die von heißen unterirdischen Quellen gespeist werden.

So sehr ich das heiße und das kalte Wasser genoss – beim Baden wollte sich mein Blick nicht von den Wasserfällen lösen. Ein von Felsblöcken bedeckter Steilhang trennte mich von ihnen. Mühsam kraxelten Menke, Ellesor und ich über die Felsbrocken, zweimal saßen wir in der Sackgasse, wollten nicht aufgeben. Als wir schließlich an einer ebenen Stelle festsaßen, kletterte ein Dominicaner zu uns herauf und führte uns bis zu dem herrlichen Tosbecken der gut 20 m hohen „Mother Falls“ (Pendant zu den höheren „Father Falls“) – blau wie das Meer in dieser Weltregion, aber deutlich kälter. Während ich mich in dem tiefen Wasser treiben ließ und dabei glücklich meine rosa Zehennägel betrachtete, rief Menke etwas herüber, doch das Brausen des Wassers übertönte sie. Sie paddelte heran. „Ich sagte: Wer braucht einen Strand, wenn er das hier haben kann?“

Genau das dachte ich während der folgenden Tage noch etliche Male – etwa tief im Dschungel beim Chaudiere Pool, wo wir von 5 m hohen Felsvorsprüngen in 10 m tiefes Wasser sprangen und uns von einem Felsen mitten in dem kräftig strömenden Fluss in das Strudelloch mitreißen ließen. Oder bei den deutlich mächtigeren Victoria

***Randnotiz:** Die Dominicaner sagen gern, ihr Land sei die einzige Karibikinsel, die Kolumbus heute noch wiedererkennen würde. Für riesige Zuckerplantagen war Dominica zu gebirgig, noch immer ist die Insel zu großen Teilen von Urwald bedeckt. Unter den 75 000 Bewohnern sind Nachfahren der Kariben, die einst Kolumbus willkommen hießen – ein Fehler, wie sich später herausstellen sollte.*

Falls an der Ostküste, deren Wassermassen Regenbogen in die Luft zeichneten und im Tosbecken Schaum aufwühlten. Dieser Wasserfall übertraf die Zwillingsfälle noch an Schönheit; neben seiner gischtenden Wassersäule hingen Baumwurzeln wie gigantisches Lametta, von den Einheimischen „Baumbart" genannt.

Hergelangt waren wir, indem wir dem Fluss folgten – teils am Ufer, dann wieder direkt im Wasser. Unterwegs hatten Süßwasserkrebse drohend ihre Scheren gereckt, bevor sie sich rasch in ihre Ritzen verkrochen. Außer der Familie James, die das Victoria Bed & Breakfast am Beginn des Wanderwegs betreibt, begegnete uns keine Menschenseele. Am besten heuert man einen der Männer als Führer an und bestellt vor Beginn der Wanderung in ihrem „Rastarant" sein Mittagessen – so kann man sich auf dem Rückweg auf eine warme Mahlzeit freuen. An einem Picknicktisch mit Blechdach aßen wir Rastafari-Eintopf aus selbst gezogenen Süßkartoffeln und Kochbananen in sämiger Kokosmilchsauce aus Kalebassenschalen.

Nicodemas Lawrence, der bei Wavine Cyrique die Abstieghilfen aus Seilen und Wurzeln in Ordnung hält, hatte uns am Tag unseres Ausflugs vorgewarnt: Uns würde ordentlich warm. Er hatte recht. Aber als wir endlich da standen, wo der Fluss ins Meer hinabstürzt, war unser Lohn mehr als nur Augenfreude. Der Wasserfall überströmte uns mit Süßwasser, zugleich spülten Wellen um unsere Füße. Später saßen wir und aßen Maracujas. Dabei fiel mir eine Schramme an meinem Schienbein auf, meine Begleiterinnen trugen blaue Flecken an den Beinen. Auf meine Bemerkung hin grinste Menke nur achselzuckend: „Wer sich auf Dominica keine Schramme holt, hat wohl irgendwas falsch gemacht."

Oben Hangout – eine Bar auf dem Weg nach Calibishie.

Unten Eine Kakaofrucht, die wir am Weg zu den Victoria Falls fanden und öffneten.

Gegenüber Fischverkauf an der Küstenstraße im Westen von Dominica.

Folgende Doppelseite Wavine Cyrique. Wer sich dem mühseligen Abstieg zu dieser Bucht stellt, kommt in den Genuss einer der wenigen Sandstrände der Insel – einen vom Tourismusrummel verschonten Ort der Entspannung.

REISEINFOS

Wer auf Reisen Neuland erkunden will, ist naturgemäß Individualist. Der Abenteuerreisende macht sich auf die Suche nach nie Gesehenem, hält Augen und Ohren unterwegs stets offen und lässt Entdeckungen auf sich zukommen. Der glückliche Zufall spielt dabei immer eine Rolle.

Kein Leser wird exakt die gleichen Reisen unternehmen können, wie sie hier beschrieben sind. Doch wenn Sie die Geschichten und Bilder in diesem Buch zu neuen Reisen inspiriert haben, finden Sie auf den folgenden Seiten einige nützliche Hinweise.

Hotels, Tourenveranstalter und Restaurants kommen und gehen. Versierte Reisende recherchieren selbst, lassen sich von spezialisierten Reisebüros beraten und haben unterwegs Smartphone, Landkarten und Reiseführer immer zur Hand.

Statt sämtliche Fakten und detaillierte Reiseinformationen wiederzugeben, konzentrieren sich die folgenden Orientierungshilfen lediglich auf einige wesentliche Punkte – Ausgangspunkte für Reisen, die mehr als das Augenfällige erkunden wollen.

DER LANGE WEG NACH NINGALOO

NEUES RIFF UND NEUE KÜSTE

Ningaloo-Küste, Australien

Anreise

- Western Australia ist der größte australische Bundesstaat. Die Straße von Perth nordwärts entlang der Küste führt durch viele Hundert Kilometer dünn besiedeltes Land. Eine Klimaanlage ist für Autoreisende unerlässlich.
- Die Fahrt über den unbefestigten Sandweg zum Ende der Peron-Halbinsel sollte auch mit abgesenktem Reifendruck nur versuchen, wer wirklich das richtige Fahrzeug dafür hat.
- Von Perth geht es mit dem Flugzeug über Exmouth wesentlich schneller zum Ningaloo-Riff.

Wüste

- Pinnacles-Wüste. Ungefähr 190 km nördlich von Perth; übersät mit grabsteinähnlichen Säulen.
- Kalbarri-Nationalpark. Weiter die Küste hinauf, mit urtümlichen Felsformationen. Eine ist der rötliche Bogen des Nature's Window mit Blick auf die Schlucht des Murchison River.

Küste

- Shark Bay. Geschütztes Meeresgewässer, ein Strand aus zermahlenen Herzmuscheln und weite Flächen mit Stromatolithen, die wie Felsen aussehen. Im klaren Wasser sind Delfine, Meeresschildkröten, Haie und auch Seeschlangen gut zu sehen. Touren bietet Monkey Mia Wildsights an.
- Halbinsel Peron. Diese lange schmale Sandbank liegt geschützt im Francois Peron National Park.

Riff

- Tauchen und Schnorcheln. Vielfältige Möglichkeiten im Ningaloo Marine Park.
- Kajakfahrten. In Coral Bay gibt es Paddeltouren mitten ins Riff.

HINTER DEM HORIZONT AUF DEN PHILIPPINEN

ESSEN, SCHNORCHELN, CHILLEN

Palawan, Philippinen

Anreise

- Versteckt in der Bacuit Bay im Norden der langen, schmalen Insel Palawan liegt El Nido, der winzige Stützpunkt für Bangka-Ausfahrten.
- Direktflüge mit Island Transvoyager von Manila nach El Nido sind begrenzt und müssen weit im Voraus gebucht werden. Auskünfte erteilt das Travel Center im El Nido Boutique and Artcafé.
- Die meisten Besucher landen in Puerto Princesa, Palawans Hauptstadt, und fahren die fünf bis sieben Stunden bis El Nido mit Großraumtaxi oder öffentlichem Bus. Die Taxis stehen am Flughafen bereit.

Tao Philippines

- Ein Segeltörn mit Tao Philippines dauert fünf Tage. Teilnehmen können 12 bis 24 Gäste; die täglichen Ziele werden allein von Wind und Strömung bestimmt. An den Exkursionen kann jeder teilnehmen, der ein Ticket hat.

El Nido

- Viele Reisende bleiben im kleinen El Nido, dessen wenige staubige Straßen von Kalksteinklippen überragt werden. Die geringe Anzahl der Flüge und die schwache Infrastruktur halten die großen Resorts fern, Übernachtungsmöglichkeiten gibt es dennoch. Besucher schwimmen zwischen Papageienfischen und picknicken an paradiesischen Spots mit Namen wie Hidden Beach oder Secret Lagoon. Tagesfahrten zu Inseln mit Schnorcheln und Baden bieten die Reiseveranstalter vor Ort an.

DAS UNBERÜHRTE VIETNAM LIEGT IM MEER

DIE ABGELEGENEN CON-DAO-INSELN

Con-Dao-Inseln, Vietnam

Anreise

- Vietnam Airlines fliegt von Ho-Chi-Minh-Stadt nach Con Dao. Über die vietnamesische Reiseplattform ivivu.com kann man gut buchen.
- Überall auf der Hauptinsel Con Son kann man Motorroller mieten.

Attraktionen

- Nationalpark Con Dao. Für die Erkundung der Insel mit Umgebung gibt es hier die besten Angebote. Die Parkangestellten führen die Expeditionen und bieten Bootsausflüge an.
- Rainbow Divers. Ein großer Veranstalter für Gerätetauchen und Schnorcheln auf Con Dao.

Übernachtung

- Die meisten Gasthäuser gehören Vietnamesen und bedienen vietnamesische Kunden, jedoch mehren sich die Angebote für Ausländer.
- Six Senses Con Dao. Umweltfreundliches Luxusresort. Die Villen sind mit Teakholzschnitzereien verziert, haben Pools, und es werden Kanufahren, Tauchen und Schildkröten-Watching angeboten.

Essen

- Die teureren Restaurants haben ein breites Angebot fangfrischer Meeresfrüchte. Einfache vietnamesische Küche findet man auch in den familienbetriebenen Restaurants.
- Frühes Erscheinen auf dem täglichen Markt auf Con Son sichert die Lebensmittelversorgung. Händler bieten Pâté-Sandwiches und frisch gegrillte waffelähnliche Biskuits als Imbiss an.

DIE ZWEI WELTEN DER MALEDIVEN

TAUSENDE VON SONNENINSELN

Malediven

Was und Wo

- Die Republik Malediven ist ein Archipel von Inseln und Atollen im Indischen Ozean. Der Archipel war früher ein Sultanat, stand dann unter britischer Herrschaft und wurde im 20. Jahrhundert unabhängig. Malé, die Hauptstadt, liegt auf dem Atoll Nord-Malé. Das deutsche Wort „Atoll“ stammt aus der einheimischen Sprache Dhivehi.
- Die Inselgruppe liegt auf dem Äquator; die Atolle sind für ihre weißen Sandstrände und Kokospalmen berühmt.

Anreise

- Für viele Flüge aus Europa ist Dubai das Drehkreuz nach Malé. Städte in Asien und Indien sind durch Maldivian Airlines angebunden, die auch die Inseln des Archipels untereinander verbindet.
- Der internationale Flughafen liegt auf einer eigenen Insel, Hulhulé, dicht bei Malé. Nahebei ankern ausreichend Wassertaxis.

Übernachtung

- Die Malediven sind gut mit luxuriösen Resorts bestückt. Im Buch werden erwähnt:
- Per Aquum auf der Insel Huvafen Fushi.
- Naladhu, Teil der Anantara-Kette, die in Asien, Afrika und dem Nahen Osten zu finden ist.
- Holiday Inn auf der Insel Kandooma Fushi.

DIE PERLE IM INDISCHEN OZEAN

TRÄUME VON MAURITIUS

Mauritius

Anreise

- Mauritius wird von Air Mauritius und anderen Fluggesellschaften angeflogen.
- Die örtlichen Busse mögen rostig und langsam sein, dafür kommt man während der Fahrt mit allen Gesellschaftsschichten in Kontakt.
- Mit Taxifahrern sollte verhandelt werden.

Touren

- Île aux Cerfs. Zu diesem Schmuckstück bringen Sie die Reiseveranstalter von Grand Baie.
- Blue Penny Museum. Port Louis. Kunstvolle Ausstellung zur Geschichte von Mauritius sowie zwei der vermutlich seltensten Briefmarken der Welt.
- Grand Baie. Nachts werden die Bars am Wasser und im Freien, und die Tanzflächen mit ihren DJs, zum Mittelpunkt der Insel.
- Teeplantage Bois Chéri. Führungen und ein entzückendes Restaurant auf dem Hügel.
- Saint Aubin. Ein Landsitz aus dem 19. Jahrhundert mit Führungen und Vanille-Rum-Verkostung.
- Blue Bay. Ort bei Mahébourg. Ein Paradies für Wassersport, zum Schnorcheln und Sightseeing.

Übernachtung

- Le Suffren. Port Louis. Elegantes Hotel mit angenehmem Restaurant und Bar.
- Ti Fleur Soleil. Grand Baie. Rum-Bar, heimeliger Badeort und günstige Preise.
- Aanari Hotel & Spa. Flic en Flac. Stilvolles Haus der Oberklasse.
- Luxusresorts und Hotelketten der Spitzenklasse kümmern sich um wohlbetuchte Kunden.

Essen

- Die kulturelle Vielfalt der 1,3 Millionen Mauritier spiegelt sich in Restaurants mit kreolischer, indischer und chinesischer Küche. Fischerboote bringen Schnapper, Tintenfisch und andere Meeresfrüchte frisch auf den Tisch.

NUR AUF MADAGASKAR

LEMUREN ZUM BAGUETTE

Madagaskar

Anreise

- Viele Flüge zum Antananarivo Airport auf Madagaskar kommen aus Johannesburg oder Nairobi. Es ist ratsam, rechtzeitig Ihren Reiseplan mit dem Flugplan von Air Madagascar abzugleichen, damit die Anschlussverbindungen in Madagaskar passen.
- Obwohl Sie das Touristenvisum kostenlos am Einreiseflughafen erhalten können, sollten Sie es dennoch frühzeitig besorgen. Das spart Zeit und vermeidet bürokratischen Papierkram.
- Französisch ist Madagaskars Umgangssprache, also frischen Sie rechtzeitig Ihre Sprachkenntnisse auf.

Touren

- Rechtzeitige Reiseplanung ist alles. Zwischen den Sehenswürdigkeiten Madagaskars liegen Hunderte von Kilometern. Beispielsweise beobachtet man die tanzenden Lemuren am besten im Berenty Private Reserve am südlichen Ende der Insel. Die Hauptstadt Antananarivo ist in der Mitte, die berühmte Baobab-Allee liegt im Westen und die atemberaubenden Strände säumen den Norden.
- Boogie Pilgrim ist ein einheimischer Reiseveranstalter, der für Sie Hotels reserviert, Fahrer besorgt und Inlandsflüge bucht.

Übernachtung

- La Varangue. Ein komfortables Boutiquehotel auf dem Berg in Antananarivo, das einen erstklassigen Chefkoch hat.
- Hôtel Colbert. Ebenfalls in Antananarivo und mit einer Patisserie, die geradewegs von den Champs-Élysées zu kommen scheint.
- Vakona Forest Lodge. Ökolodge in Andasibe.
- Princesse Bora Lodge & Spa. Ein Strandhotel auf Sainte-Marie.

DAS WILDE UND DAS ZAHME KAPSTADT

WINDUMWEHTE SPITZE AFRIKAS

Kapstadt, Südafrika

Spritztouren

- Chapman's Peak Drive, zwischen Noordhoek und Hout Bay an der Atlantikküste.
- Cape Winelands.
- Ou Kaapse Weg (Old Cape Road) im Steenberg-Gebirge.

Walk and Hike

- Table Mountain National Park. Die Wanderung auf den Tafelberg ist ein Ganztagesmarsch. Silvermine und der Lion's-Head-Gipfel liegen ebenfalls in diesem Park.
- Kirstenbosch National Botanical Garden. Wurde 1913 für den Schutz und die Erforschung heimischer Pflanzen gegründet.

Meer

- Geführte Ausritte. Am Noordhoek Beach.
- Hummertauchen. Am Kap der Guten Hoffnung. Leihen Sie Tauchanzug, Handschuhe und Stiefel bei einem örtlichen Tauchshop und kaufen Sie eine Angellizenz.

Stadt

- Greenmarket Square liegt im Zentrum des alten Kapstadts. Auf den Pflasterstraßen stehen dicht gedrängte Buden, deren Händler perlenverzierten Schmuck, Masken und anderes Kunstgewerbe feilbieten.
- Long Street. Hier haben junge Designer in Häusern mit schmiedeeisernen Balkonen, die an New Orleans erinnern, Boutiquen eröffnet.

Übernachtung und Essen

- The Constantia. Ein Boutiquehotel der Luxusklasse mitten in Weinbaugebiet Constantia.
- The Bishop's Court. Bed & Breakfast im vorstädtischen Bishopscourt, mit Blick auf den Tafelberg.
- The Foodbarn. Französisch-asiatische Küche in einem umgebauten bäuerlichen Lagerhaus nahe Kapstadts schönsten Stränden.
- Bizerca Bistro. Angesagtes Bistro am Hafen Kapstadts und Teil der innerstädtischen Erneuerung.

WANDERN, WO WALES AUF WASSER TRIFFT

DIE SCHROFFE PEMBROKESHIRE-KÜSTE

Pembrokeshire-Küste, Wales

Planung

- Die walisische Regierung betreibt die Website walking.visitwales.com für Wanderer in Wales.
- Von der Pembrokeshire Coast National Park Authority erhalten Sie Informationen zur Region.
- Auch die British Tourist Authority ist hilfsbereit.
- Ordnance Survey, die amtliche britische Vermessungsbehörde, gibt Wanderkarten heraus.
- Ein sehr guter Reiseführer ist der *Pembrokeshire Coast Path* von Jim Manthorpe.

Tourenanbieter

- Mit der Internetsuche nach „Wandern in Wales" finden Sie viele Touranbieter. Die meisten organisieren die Route, buchen Übernachtungen und übernehmen den Gepäckservice.
- Celtic Trails. Organisierte die Tour in diesem Artikel und bearbeitete sehr geduldig und hilfsbereit die E-Mail-Anfragen im Vorfeld.
- Walkalongway. Einer von mehreren Anbietern von Gepäckservice, falls Sie Ihre Wanderung selbst planen und Hotels selbst buchen wollen.

Klima

- Von Juni bis August haben Sie die beste Aussicht auf trockenes Wanderwetter und viele, viele Mitwanderer auf dem Weg.
- Von Oktober bis Januar regnet es meist, im Winter schneit es.

BLICK AUF DIE GESCHICHTE DER SCILLY-INSELN

EXOTISCHE GÄRTEN UND RUINEN IM WIND

Scilly-Inseln, England

Was und Wo

- Die Scillies sind eine Gruppe von etwa 150 Inseln, erreichbar mit Fähre oder Kleinflugzeug. Die meisten Besucher kommen in Hugh Town auf St. Mary's an, wo auch die meisten Einwohner leben. Von hier aus gehen Fähren zu den anderen vier bewohnten Inseln: Tresco, Bryher, St. Agnes und St. Martin's. Die offizielle Seite visitislesofscilly.com hilft Ihnen bei der Reiseplanung.
- Viel Land der Scillies liegt offiziell im Herzogtum Cornwall und ist im Besitz des derzeitigen britischen Thronfolgers Prinz Charles.

Touren

- Isles of Scilly Museum. Church Street, St. Mary's.
- Halangy Down. Prähistorische Zeugnisse auf St. Mary's.
- Star Castle. Festung auf St. Mary's, jetzt ein Hotel.
- Tresco Abbey Garden. Diese subtropische Pflanzensammlung gedeiht im milden Klima der Scillies.
- Schlossruinen. Tresco.

Übernachtung

- Die Unterkünfte sind zumeist kleine Hotels, Bed & Breakfasts oder Zeltplätze.

ABSCHLAG UM MITTERNACHT

EIN MITTSOMMERNACHTS-GOLFSPIEL

Lofoten, Norwegen

Anreise

- Von Oslo sind es 840 Kilometer mit dem Zug oder Flugzeug bis Bodø. Weiter nach Svolvær geht es mit einem kleinen Flugzeug oder der örtlichen Fähre in malerischer Überfahrt. Von Svolvær aus sind Sie mit Taxi oder Mietwagen in 45 Minuten in Hov.

Golfen

- Die Website von Lofoten Links hält für jeden Interessierten erste Informationen und Kontaktangaben bereit. Wie üblich in Norwegen spricht die Belegschaft am Golfplatz ausgezeichnetes Englisch.
- Im Fachgeschäft können Sie Schläger mieten; für das leibliche Wohl sorgt das Café des Platzes mit dem altehrwürdigen Namen „Hull 19“. Ein Rat unter Freunden: Ein Bier, und Sie sollten nicht mehr fahren. Promillegrenze und Tempolimits sind in Norwegen sehr streng.
- Der Golfplatz bietet auch Zimmer und Apartments zur Übernachtung an.

Auch auf den Lofoten

- Musik. Die Lofoten International Chamber Music und Piano Festivals (im jährlichen Wechsel) sind im Juli. Mit ihrer beeindruckenden Naturkulisse werden sie als das schönste Musikfestival der Welt vermarktet.
- Lofotr Viking Museum. Borg. Mit nachgebautem Wikingerschiff und -häusern sowie einem Wikingerfestival im August.

DIE FRANZÖSISCHE SEITE DES BASKENLANDS

EUSKARA SPRECHEN MIT BARETT

Baskische Küste, Frankreich

Saint-Jean-de-Luz

- Rue Gambetta. Einkaufsstraße mit Geschäften, die auf Espadrilles spezialisiert sind.
- Place Louis XIV. Platanenbestandener historischer Platz mit Malern und ihren Staffeleien.
- Café Le Suisse.

Biarritz

- Grande Plage. Strandbogen aus goldgelbem Sand, bestückt mit farbenfrohen Sonnenschirmen.
- Hôtel du Palais. Am Nordende des Grand Plage. Der ehemalige Palast von Napoleon III. ist heute ein Luxushotel.
- Leuchtturm Biarritz. Avenue de l'Impératrice. Panoramablick auf die Küste und das gebirgige Hinterland.
- Hôtel de Silhouette. In einem Wohngebiet gleich hinter der Küste.

Bayonne

- Musée Basque et de l'histoire de Bayonne. Ehemaliges Händlerdomizil aus dem 17. Jahrhundert.
- Markt von Bayonne. Reiches Angebot an Meeresfrüchten und geschlachteten Fasanen und Hasen.

Saint-Jean-Pied-de-Port

- Hôtel des Pyrénées. Herberge klassischer Art.
- Zitadelle. Festungsbauten aus dem 17. Jahrhundert.

DIE UNBERÜHRTE ALGARVE

ZITADELLEN UND MAURISCHE MOTIVE

Algarve, Portugal

Anreise

- Mit dem Zug von Lissabon nach Faro, weiter mit dem Bus bis Tavira. Einige Orte der Algarve erreichen Sie auch mit dem Regionalzug.
- Nach Silves kommen Sie mit dem Regionalbus von Portimão, der kleinen Stadt bei Praia da Rocha.

Tavira

- Burg von Tavira. Überreste einer Festungsanlage.
- Palácio da Galeria. Der grandiose Palast aus dem 16. Jahrhundert beherbergt das kommunale Museum.
- Festivals der Meeresfrüchte. Hauptattraktionen der Algarve. Eines ist das jährliche, zwei Wochen dauernde Festival de Gastronomia do Mar. Die Restaurants servieren spezielle Gerichte mit Thunfisch, Makrele, Tintenfisch, Mies- und Venusmuscheln sowie anderen Schätzen des Meeres.

Silves

- Kastell von Silves. Ein mittelalterlicher maurischer Bau mit Museum, erbaut um tiefe Zisternen. Zu den Relikten zählen bemalte Töpferware, filigrane Knochenschnitzereien und feine Glasmalereien.
- Jährliche Mittelaltertage. Hochsommertage inmitten von Nachbauten und Relikten von souk (Basar), türkischem Bad, Moschee und anderen mittelalterlichen Gebäuden. Tausende Einheimische und Besucher in zeitgenössischen Gewändern schlemmen und jubeln zu den Aufführungen von Scheidepunkten der Stadtgeschichte, zum Beispiel der 15-tägigen Belagerung durch Kreuzfahrer im Jahr 1189.

Pedralva

- Aldeia da Pedralva. Restauriertes Dorf mit Kopfsteinpflaster, gekalkten Fassaden, Lebensmittelladen und traditionellem Restaurant. Sie können wandern, radeln und Vögel beobachten.

SONNE – STRAND – TOSKANA

IN DER TOSKANA GIBT ES AUCH STRÄNDE

Toskanische Küste, Italien

Anreise

- Von Pisa, Rom und Mailand ist es nicht weit bis zum Mittelmeer. Einen Mietwagen bekommen Sie jeweils am Flughafen.

Übernachtung

- Grand Hotel Imperiale. Die perfekte Verwöhnadresse im nördlich gelegenen Badeort Forte dei Marmi, wenn Geld keine Rolle spielt. Der Boden des Pools wirkt wie mit Edelmetall gefleckt, das Spa ist erstklassig, die Bedienung liest jeden Wunsch von den Augen ab.
- Hotel Hermitage. Auf Elba. Pools, geschwungener Sandstrand, Tennisplätze, opulentes Frühstücksbüfett.

Essen

- Viele Restaurants entlang der Küste hängen der untadeligen Philosophie an, dass zum vorabendlichen Glas Prosecco oder Wein ein kleines Häppchen gehört, besser gesagt, Häppchen in Hülle und Fülle: Erdnüsse, Oliven, Mortadellawürfel, Parmesanbrocken
- Wenn Sie den Hauptgang bestellen, lautet die Empfehlung des Tages meist fangfrischer Fisch; in Orten wie Porto Santo Stefano wird er oft schon bald nach dem Einlaufen der dienstalten Fischerboote serviert.

DIE KLEINE SCHWESTER DER ITALIENISCHEN SEEN

SONNIGE PIAZZE UND EIN BLAUER JUWEL

Lago d'Orta, Italien

Anreise

- Vom internationalen Flughafen Mailand-Malpensa sind Sie mit dem Mietwagen nach 45 km in Orta San Giulio.
- Besuchen Sie die Website lakeorta.com, um sich vorab zu informieren.

Walk and Hike

- Ein Fußweg umrundet die Benediktinerinnenabtei auf Isola San Giulio. Sonnengebräunte Kapitäne steuern die Fähren, die vom Kai in Orta San Giulio zur Insel ablegen.
- Sacro Monte di San Francesco. Auf den schweißtreibenden Anstieg folgt oben ein geruhsamer Spaziergang.

Übernachtung

- Villa Crespi. Ehemaliger Landsitz im maurischen Stil mit 14 Gästezimmern. Restaurant mit zwei Michelin-Sternen.
- Hotel San Rocco. Direkter Zugang zum See und eine wunderschöne Terrasse am Wasser.
- Ferienwohnungen finden Sie beispielsweise über die lokale Agentur Holiday Homes.

Essen

- Agriturismo Il Cucchiaio di Legno. Perfekt, um die regionale Küche kennenzulernen.
- Al Boeuc. Winzige Enoteca, der Ort für ein Glas Wein vor dem Abendessen, dazu Bruschetta.
- AgriGelateria. Sahniges Speiseeis aus Biomilch.

DIE WILDNIS LIEGT VOR SARDINIEN

HIER STÖRT KEINE SCHICKERIA

Sant'Antioco, Italien

Anreise

- Mit dem Flugzeug bis Cagliari auf Sardinien, dann mit dem Mietwagen 1,5 Stunden bis Sant'Antioco.

Touren

- Coaquaddus. Strand an der Südostküste von Sant'Antioco. Wellen, Holzsteg und ein geschwungener Sandstreifen.
- Cala della Signora. An der Westküste locken Gezeitentümpel zwischen Felsen: Strandurlaub mit dem gewissen Etwas.
- Katakomben von Sant'Antioco. Unter der Hauptkirche der Stadt Sant'Antioco. Die Totenstadt der Phönizier wurde Jahrhunderte später zur Ruhestätte des Antiochus von Sulci. Seine Knochen wurden 1615 geborgen.
- Insel San Pietro. Von Calasetta 45 Minuten mit der Fähre. Spektakuläre Strände und Lagunen unter Klippen laden zu einem Tagesausflug mit dem Wagen ein.

Übernachtung

- Hotel Del Corso. Vor dem eleganten kleinen Haus liegt Sant'Antiocos Hauptboulevard, der nachts zur Promenade für Fußgänger wird.
- Hotel Moderno. Angenehme und etwas bescheidene Alternative zu günstigeren Preisen.
- Hotel Cala di Seta. In Calasetta. Ein modernes Haus mitten in der Stadt um den Fischereihafen.
- Über einen italienischen Makler oder einen Buchungsservice können Sie Ferienhäuser oder Wohnungen privat buchen.

Essen

- Die Haupteinkaufsstraße auf Sant'Antioco ist der Corso Vittorio Emanuele mit vielen guten Pizzerien und Trattorien. In den sonnigen Cafés wird Cappucino, Espresso und Speiseeis serviert.
- Im Hafen von Calasetta sind Meeresfrüchte die Spezialität. Gerichte aus der Gegend (alla Calasettana) sind Bottarga di tonno und Casca, Couscous nach sardischer Art.

NEUFUNDLANDS VERWUNSCHENE KÜSTE

DIE DRAMATISCHE HALBINSEL BONAVISTA

Bonavista-Halbinsel, Kanada

Anreise
- Route 230. Der sogenannte Discovery Trail durchquert die Halbinsel, passiert Ortschaften und Natur bis Cape Bonavista oben an der Nordspitze.
- Lockston Path Provincial Park. Wanderwege und Campingmöglichkeiten im Herzen der Halbinsel.

Walk and Hike
- Skerwink Trail. Verläuft entlang der Nord- und Südküste von Skerwink Head, einer felsigen Halbinsel zwischen den Hafenorten Trinity und Port Rexton.
- Klondike Trail. Wanderweg bei Elliston, entlang einer stillgelegten Straße.

Touren
- Rugged Beauty Tours. Per Boot zu den Geisterstädten.
- Sea of Whales Adventures. Whale-Watching per Zodiac-Schlauchboot, Startpunkt Trinity Bay.

Übernachtung
- Artisan Inn. 15 Gästezimmer in sechs Altbauten in Trinity, einem gut erhaltenen historischen Ort.
- Fishers' Loft. Hotelbetrieb mit Gästezimmern in Kapitänshäusern und typischen saltbox-Häuschen in Port Rexton.

Essen
- Bonavista Social Club. Upper Amherst Cove. Zum wechselnden Speisenangebot zählen Elchburger, Pasta mit Hummer und Brotpudding mit Preiselbeeren.
- Rising Tide Theatre. Dinnertheater in Trinity.

KUPFERGLANZ IN MICHIGANS NORDEN

RAUE SCHÖNHEIT MIT VERGANGENHEIT

Obere Halbinsel, Michigan, USA

Keweenaw-Halbinsel
- Die meisten touristischen Attraktionen liegen entlang der Route 26 und in den Orten Houghton, Hancock, Calumet und Copper Harbor.
- Kupfermine Quincy. Besichtigungen veranstaltet die Quincy Mine Hoist Association in Hancock.
- Keweenaw National Historical Park. Eine Broschüre mit Kartenmaterial verschafft einen Überblick über die vielen zugehörigen historischen Orte.
- McLain State Park. Wanderwege und 3 km Sandstrand, zu erreichen über den Highway M-203, von Hancock immer nach Westen.

Oberer See
- Pictured Rocks National Lakeshore. Der 55 km lange Uferabschnitt ist nach dem mehrfarbigen Sandstein der Klippen benannt.
- Pictured Rocks Cruises. Bootstouren. Abfahrt vom Stadtkai in Munising.
- The Great Lakes Shipwreck Museum. Das Museum in Whitefish Point dokumentiert 300 Schiffsunglücke, darunter unter anderem den Untergang der Edmund Fitzgerald, den Gordon Lightfoot zum Thema einer berühmten Ballade machte.

Regionale Küche
- Kaleva Cafe. In Hancock. Die Adresse für hervorragende Pies, genannt „Pasty" (als Reim auf „nasty"). Die gefüllten Teigtaschen, die an Cornwall, die Heimat der Vorfahren vieler hiesiger Bergleute, erinnern, sind quasi synonym mit der Keweenaw-Halbinsel.
- Italienisches Erbe verrät die schlanke, leckere Dauerwurst namens Cudighi (ausgesprochen: „kuhdugi"), zu bestellen in Restaurants in Marquette.

AUF WANDERTOUR BEIM GOLDEN GATE

GOLDGELBE HÜGEL, NEBLIGE STRÄNDE

Marin County, Kalifornien, USA

Anreise

- Mit dem Wagen ist man von San Francisco im Nu in Marin County. Busse betreiben Golden Gate Transit und Marin Transit; der letztgenannte Verkehrsbetrieb schickt seine West Marin Stagecoach Shuttles bis in die kleinen Ortschaften im Westen des Bezirks.
- Golden Gate Ferry hält den Fährbetrieb zwischen San Francisco und Sausalito aufrecht.
- Wanderwege sind überwiegend gut ausgezeichnet, dennoch sind gute Karten unerlässlich. Um alles abzudecken, benötigen Sie eventuell mehrere Quellen, etwa das Buch *Hiking Marin: 141 Great Hikes in Marin County* von Don und Kay Martin und die Karte „Point Reyes National Seashore and West Marin Parklands“ von Wilderness Press.

Entdecken

- Bolinas Lagoon Preserve. Dieses Schutzgebiet gehört zur Audubon Canyon Ranch.
- Stinson Beach. Ein Strand in der Golden Gate National Recreation Area.
- Mount Tamalpais State Park.
- Muir Woods. Wurde bereits von Präsident Theodore Roosevelt als Nationaldenkmal unter Naturschutz gestellt.
- Green Gulch Farm Zen Center. Buddhistisches Retreat, offen für Tages- und Übernachtungsgäste.

Übernachtung

Gasthäuser sind früh ausgebucht, Reservierung empfiehlt sich, etwa bei:

- Point Reyes Seashore Lodge.
- Redwoods Haus, Stinson Beach.
- Pelican Inn, Muir Beach.

IM HINTERLAND VON CATALINA ISLAND

NAHE BEI LOS ANGELES, DOCH WEIT WEG

Catalina Island, Kalifornien, USA

Anreise

- Von den Channel Islands ist Santa Catalina, 34 km lang, die einzige mit einer nennenswerten Zivilbevölkerung. Fest ansässig sind hier weniger als 4000 Menschen.
- Mehrmals am Tag legen von Long Beach und von anderen Orten entlang der kalifornischen Küste Fähren ab.
- Von Long Beach aus kann man auch mit dem Hubschrauber anreisen.
- Autos sind nur den Ortsansässigen gestattet; Rundfahrten per Bus geben Ein- und Überblick.

Trans-Catalina Trail

- Diesen Wanderweg hält die Naturschutzeinrichtung Catalina Island Conservancy instand, der 90 Prozent der Insel gehören. Auf der Website finden Sie Wanderkarten, Infos zu Zeltplätzen und Adressen für Gepäckservice.

Abseits des Weges

- Filme laufen im Avalon Theater, dem Kino im Catalina Casino, von William Wrigley Jr. im Art-déco-Stil errichtet. Dem Kaugummi-Magnaten gehörte einst der Großteil der Insel. In den 1930er- und 1940er-Jahren spielten im Casino Big-Band-Größen wie Benny Goodman auf. Noch heute wird es für Bälle und Konzerte und als Kino genutzt.
- Der Wrigley Memorial and Botanical Garden zeigt auf über 15 ha unter anderem acht Pflanzenarten, die es nur auf Catalina gibt.
- An Sommerwochenenden sind die Hotels meist ausgebucht; zwei Nächte (an langen Wochenenden drei) sind das übliche Minimum. Nebensaison ist von Oktober bis April.
- Das Catalina Island Visitors Bureau informiert über Aktivitäten wie Schnorcheln, Gerätetauchen, Kajakvermietung, Bootstouren und Seilrutschen.

IM KAJAK VON KEY ZU KEY

IN SEICHTEM WASSER DAHINGLEITEN

Key West, Florida, USA

Anreise

- Nach dem Anflug nach Miami oder Key West mit dem Mietwagen immer auf der U.S. Route 1 entlang.

Verleih

- Von den zahllosen Kajakvermietungen auf den Florida Keys liegen die meisten leicht auffindbar unweit der U.S. Route 1, dem „Overseas Highway“ von Insel zu Insel. Informieren Sie sich vorab. Für manche Touren ist ein Führer empfehlenswert.
- Für den Anfänger empfiehlt sich aufgrund der stabilen Schwimmlage das kurze Sit-on-Top, ein Kajak ohne Cockpit. Für weitere Touren gibt es längere Boote mit Staufächern.

Unternehmungen

- Vom Geiger Key ist es mit dem Mietkajak nicht weit bis zum durchsichtigen, türkisfarbenen Wasser mit violetten Korallen und kanariengelben Fischen.
- In nur 15 Minuten verfrachtet ein Motorboot eine Ladung Kajaks und Paddler zum Ausgangspunkt für eine Halbtagestour rund um die Snipe Keys mit oft menschenleeren weißen Stränden.
- Eine Ganztagestour erschließt abgelegene Strände und Mangroveninseln.
- Geführte Touren zum Flachwasserangeln sind möglich.
- Geführte Paddeltouren erkunden die Mangrovenkanäle von Key West.
- Abwechslung vom Wasser bietet das exzentrische Städtchen Key West, wo zwischen den Touristen Hühner auf der Straße laufen. Ernest Hemingways Haus mit Dutzenden von Nachfahren seiner Hauskatzen ist als Museum zu besichtigen.

HEISS, KALT, ERHOLSAM – AUF BIG ISLAND, HAWAII

HAWAII EINMAL GANZ ANDERS

Big Island, Hawaii, USA

Touren

- Für Ausflüge auf den schlafenden Vulkan Mauna Kea sind mehrere Anbieter zugelassen.
- Im Hawaii Volcanoes National Park kommt der Besucher über Straßen und Wanderwege bis dicht an den Krater des aktiven Vulkans Kilauea heran.
- Paradise Helicopters in Hilo startet zu einstündigen Rundflügen mit Blick auf den Kilauea.

Übernachtung

- Arnott's Lodge. In Hilo. Bietet Apartments mit Aufenthaltsbereich und vermittelt geführte Touren.
- Volcano Rainforest Retreat. Bungalows im japanischen Stil in einem Nebelwald am Rande des Volcanoes National Park.
- Four Seasons Resort Hualalai. Luxus am oberen Ende der Preisskala auf Big Island.

Essen

- Wochenmarkt. Mittwochs und samstags lockt der Hilo Farmers Market mit Kaffee aus lokalem Anbau, Macadamianüssen, Südfrüchten für den kleinen Hunger und Lunch im Stehen.
- Sushi Rock. In Hawaiis Haupteinkaufsmeile.
- Village Burger. Sollten Sie zufällig in der Nähe von Waimea sein, so kehren Sie hier ein, auch wenn Rinderhack nicht Ihr Ding ist – Veggie- und Ahi-Burger (Gelbflossen-Thunfisch) sind Alternativen.

VON INSEL ZU INSEL FÜR EIN STÜCK SCHOKOLADE

KAKAO UND KARIBIK

Kleine Antillen

Erkunden und Probieren

- Delft Cocoa Plantations und Violetta Fine Chocolates. Führt durch die Kakao-Anbauregion Montserrat Hills auf Trinidad.
- Gail's Exclusive Tour Services Limited. Bietet diverse Touren auf Trinidad an, darunter Brasso Seco.
- Rancho Quemado. Auf Trinidad. Teils Zoo, teils Erholung in der Natur, teils Kakaoplantage.
- Tobago Cocoa Estate. Halb- oder Ganztagestouren, unter anderem mit Ausblick auf den Argyle-Wasserfall.
- Frères Lauzéa Chocolatiers. Zwei Läden auf Martinique, von denen einer Rum-Schokoladen-Tastings anbietet (nur mit Voranmeldung).
- Grenada Chocolate Company. Ein Pionier des karibischen Schokoladen-Tourismus.
- Chocolate Festival of Belize. Toledo District, Belize.

Übernachtung

- Hyatt Regency Trinidad. Infinity Pool mit Blick über den Golf von Paria; Frühstücksbüfett mit regionalen Spezialitäten.
- Magdalena Grand Beach Resort. Auf Tobago. Golfplatz, Pool, Strand, Frühstücksbüfett.
- Hotel Chocolat. Kakao-Paradies auf St. Lucia, mit Cottages im Ökodesign und Blick auf die Pitons.

Essen

- Entre Nous. Herrlich speisen auf der Veranda eines schönen kreolischen Hauses auf Martinique.
- Boucon Restaurant. Im Hotel Chocolat, St. Lucia.
- Strandbars auf Tobago sind eine gute Adresse für Krebscurry auf Klößen, dazu Bier der Marke Carib.

ZEITLOSE ERINNERUNGEN AN BERMUDA

PAPA, WARUM ZIEHEN DIE MÄNNER DAS AN?

Bermuda

Anreise

- Auf Bermuda gibt es keine Mietwagen für Touristen; ein Taxi bringt Sie vom Flughafen nach Hamilton City. Dort kann man Motorroller mieten. Mopeds sind auf der Insel Tradition.
- Noch immer begegnet einem die klassische, britisch beeinflusste Herrenkombination mit Bermudashorts, Kniestrümpfen und Jackett, doch förmliche Etikette ist im Rückzug begriffen.

Unternehmungen

- Wassersport. Auf Bermuda gibt es 34 Strände, allesamt beliebt bei Schwimmern, Schnorchlern und anderen Wasserratten.
- Elbow Beach. Weitläufiger Sandstrand am südlichen Ufer mit großem öffentlichem Strand und dem Privatstrand des Elbow Beach Resort.
- Crystal Caves. Eindrucksvolle Tropfsteinhöhle mit kristallklaren Seen.
- Royal Naval Dockyard. Lange ein britischer Flottenstützpunkt, nun Anlaufpunkt zum Shoppen und Zeitvertreib.
- Bermuda Botanical Gardens and Masterworks Museum.
- St. George's. Historische Stadt am östlichen Ende, mit Läden und Restaurants in schmalen Gassen.

Essen

- Art Mel's Spicy Dicy. In Hamilton und in St. George's. Berühmt für seine Fischsandwiches.
- Harbourfront Restaurant. Im Hafen von Hamilton.
- Hog Penny Restaurant & Pub und Lobster Pot. Beide bekannt für ihren Bermuda Fish Chowder, einen klassischen scharfen Fisch-Gemüse-Eintopf.

WELLENPARADIES BARBADOS

UNRUHIGE SEE BEI DEN ANTILLEN

Ostküste, Barbados

Anreise

- Vom Grantley Adams International Airport im Süden von Barbados sind es 25 Autominuten bis zu den Surfspots bei Bathsheba. Ein Mietwagen ist unerlässlich.

Wind und Wellen

- Bathsheba Beach. Geübte Surfer zieht es hierher zur Soup Bowl, aber es gibt auch reichlich Spots mit kleineren Wellen für Anfänger.
- Surfunterricht. Bekannt sind unter anderem Zed's Surfing Adventures, Burkie's Surf School und Barbados Surf Trips. Alle bieten Privatunterricht für Anfänger bis Fortgeschrittene.
- Windsurfen. Windsurfer auf Barbados schwören auf den deAction Beach Shop.
- Sämtliche Strände auf Barbados sind öffentlich.

Essen

- Oistins. Fischerort im Süden, bekannt für sein „Fish Fry", wo Einheimische wie Touristen abends nach frischem Marlin, Thunfisch und Schnapper vom Open-Air-Grill anstehen. Betrieb ist täglich, aber freitagabends ist es am besten: Die Musik wird aufgedreht, der Markt verwandelt sich in ein ausgelassenes Straßenfest.
- Sonntagsbrunch. Sonntagsbrunch vom All-you-can-eat-Büfett ist auf Barbados sehr beliebt. Wollen Sie dazu ins Hotel Atlantis in Bathsheba, reservieren Sie sich einen Tisch auf der Veranda.
- Rum. Rum ist die klassische Spirituose dieser Insel, angeblich wurde er hier erfunden. Fast überall zu bekommen, bis hin zur Tankstelle. Die Mount Gay Distillery bietet Brennereibesichtigungen an (Mount Gay Rum Tours and Visitor Centre).

DIE „NATURINSEL" DOMINICA

WOZU BRAUCHT MAN STRAND?

Dominica

Anreise

- Mehrere kommerzielle und Charterfluglinien fliegen den Douglas-Charles Airport an.
- Von Dezember bis Juni ist auf Dominica Trockenzeit. Den Rest des Jahres kann es unwahrscheinlich nass sein, wobei Temperatur und Regenmenge von Ort zu Ort oft stark variieren.
- Landessprache ist Englisch.
- Man kann vor Ort Ausrüstung bekommen und sich Führungen anschließen, sei es für die mehrstündige Wanderung zum Boiling Lake oder für einen Tauchausflug in der Scotts Head Bay. Manche Hotels und Gasthäuser bieten solchen Service selbst an, andere helfen mit entsprechenden Empfehlungen.

Übernachtung

- Es überwiegen naturschonende Resorts und kleine Gasthäuser. Die meisten sind umweltbewusst und viele schlicht schön. In der Hauptstadt Roseau gibt es diverse Hotels mittlerer Größe.

Essen

- Die meisten Inselhotels, selbst die kleineren, begeistern mit ihrem Speisenangebot. Lokale Spezialitäten sind unter anderem frische Südfrüchte; Marlin, Mahi-Mahi (Goldmakrele) und Thunfisch; panierte Fischfrikadellen mit superscharfem Dip; diverse hiesige Rumsorten und frische Säfte.

Events

- Zum alljährlich veranstalteten World Creole Music Festival kommen Musiker aus vielen Ländern. Sie spielen diverse Musikrichtungen der französischen Karibik, wie Cadence, Zouk, Soukous und die domini canische Bouyon-Musik. Beim Jazz 'n Creole Festival trifft Jazzmusik auf kreolische Kultur.

AUTORENBIOGRAFIEN

Dominique Browning (Seite 84–87) war früher Herausgeberin des Magazins *House & Garden* und arbeitet jetzt für den Environmental Defense Fund, wo sie Moms Clean Air Force einführte. Sie schrieb *Slow Love, Paths of Desire, The House & Garden Book of Style, The Well-Lived Life, Gardens of Paradise* und *House of Worship.*

Frank Bruni (Seite 132–137) kommentiert für die *New York Times*, für die er früher Gastronomiekritiken schrieb, aus der Hauptstadt berichtete und das Büro in Rom leitete. Zu seinen Büchern zählen *Where You Go Is Not Who You'll Be* (über Zulassung zum Studium), *Ambling Into History* (über George W. Bushs erste Kandidatur) sowie *Born Round* (Erinnerungen).

Christopher Percy Collier (Seite 208–211) hat für Zeitungen und Magazine Hunderte von Artikeln über Themen wie Reise, Essen, Gesundheit oder Wirtschaft verfasst. Er arbeitet für eine der Fortune 500-Firmen in Kalifornien als Redenschreiber.

Gregory Dicum (Seite 188–191) hat Artikel für die *New York Times*, den *Economist, Harper's* und viele andere Publikationen verfasst. Als Buchautor schrieb er *Window Seat: Reading the Landscape From the Air* und *The Coffee Book.* dicum.com

Baz Dreisinger (Seite 228–231) hat eine Professur am John Jay College of Criminal Justice in New York und ist die Autorin von *Incarceration Nations.* Ihre Artikel sind in der *New York Times,* im *Wall Street Journal* und in *Forbes-Life* erschienen. Für das National Public Radio produziert sie Sendebeiträge.

Alan Feuer (Seite 46–49) schreibt Features für die *New York Times.* Außerdem ist er Autor von *Over There* (Erinnerungen über seine Irak-Kriegsberichterstattung), *Still New York* (eine Essay-Sammlung mit Ric Burns über die Gemälde von Frederick Brosen) und *I Hope You Find Me* (Gedichte in der Kategorie „Verpasste Gelegenheiten" auf Craigslist).

Jeffrey Gettleman (Seite 62–69) leitet das Ostafrika-Büro der *New York Times* und ist Pulitzerpreisträger von 2012 für Internationale Reportage. Er arbeitet von Nairobi aus und ist Autor des Erinnerungsbandes *Love, Africa.*

Valerie Gladstone (Seite 92–97) schrieb häufig für die *New York Times* und andere Zeitschriften, hauptsächlich über Tanz und Kunst. Zu ihren Büchern zählen *A Young Dancer: The Life of an Ailey Student* und *Soile Yli-Mäyry: Forty Years of Painting, Retrospective, 1968–2008.* Sie starb im Jahr 2014.

Elaine Glusac (Seite 164–171) schreibt häufig für die *New York Times* und hat für *Condé Nast Traveler* und *National Geographic Traveler* auch Reiseberichte verfasst. Sie ist Mitautorin des Reiseführers *Top 10 Chicago* und hat an Reiseführern von Fodor's und National Geographic mitgearbeitet. elaineglusac.com

Joshua Hammer (Seite 74–79, 154–159) war früher Büroleiter für *Newsweek* in Afrika und im Nahen Osten. Er schreibt Beiträge für die *New York Times* und viele andere Publikationen. Außerdem ist er Autor mehrerer Bücher, darunter *The Bad-Ass Librarians of Timbuktu* über die Rettung wertvoller Handschriften in Mali.

Alex Hutchinson (Seite 18–23) ist freiberuflicher Journalist in Toronto. Neben Abenteuerreportagen schreibt er für *Runner's World, Outside* und andere Zeitschriften über wissenschaftliche Aspekte der Ausdauersportarten. Er ist Autor von *Which Comes First, Cardio or Weights?.*

Jeff Z. Klein (Seite 104–107) war früher Herausgeber und Sportredakteur bei der *New York Times* und *The Village Voice.* Als Autor und Radioredakteur lebt er in Manhattan und Buffalo.

Dan Levin (Seite 28–31) schreibt für die *New York Times* über Kanada und war vorher in Peking stationiert. Früher arbeitete er für *Newsweek* und *The Daily Beast.* Seine Arbeiten erschienen auch in Zeitschriften wie *Fast Company* und *Forbes* sowie in der *Los Angeles Times.*

Naomi Lindt (Seite 36–41) bereist für die *New York Times* und andere Publikationen Südostasien, wo sie für unerschrockene Reisende die weniger ausgetretenen Pfade erkundet.

Andrew McCarthy (Seite 238–247) ist freier Redakteur für *National Geographic Traveler,* Autor der Reiseerinnerungen *The Longest Way Home* und Mitherausgeber von *The Best American Travel Writing 2015.* Außerdem ist er Schauspieler und Fernsehregisseur.

Danielle Pergament (Seite 252–255) schreibt Reiseartikel für die *New York Times.* Darüber hinaus werden ihre Arbeiten in *GQ, Condé Nast Traveler, National Geographic Traveler, Travel + Leisure* und dem *New York Magazine* veröffentlicht. daniellepergament.org

Jeremy W. Peters (Seite 218–221) hat als Reporter im Washingtoner Büro der *New York Times* auch über die US-Präsidentschaftswahlen 2012 und 2016 berichtet. Er war an einer Times-Reportage beteiligt, die 2009 mit dem Pulitzerpreis für Aktuelle Berichterstattung ausgezeichnet wurde.

Jeannie Ralston (Seite 260–265) gibt das Onlinemagazin NextTribe.com heraus und hat schon für *Time, National Geographic, Smithsonian, Condé Nast Traveler, Travel + Leisure* und die *New York Times* geschrieben. Sie ist Autorin von *The Unlikely Lavender Queen* und von *The Mother of All Field Trips.* jeannieralston.com

Stephen Regenold (Seite 178–183) wohnt in Minnesota und schreibt regelmäßig für Publikationen wie die *New York Times* und *Outside* über Freiluftsportarten wie Wandern und Radfahren. Er ist Gründer und Herausgeber von GearJunkie.com, einer Website über Abenteuerreisen und Ausrüstung für Freiluftsport.

Seth Sherwood (Seite 54–57, 124–127) ist Reiseschriftsteller mit Sitz in New York und Paris. Seine Artikel über Europa, Nordafrika und den Nahen Osten findet man oft in der *New York Times.*

Ethan Todras-Whitehill (Seite 198–203) ist häufig als Reiseschriftsteller für die *New York Times* tätig; seine Artikel finden sich auch in *Sports Illustrated, Popular Science, AFAR* und *Marie Claire.* Zu Hause in Massachusetts schreibt er Prosa. Er ist Mitbegründer von SwingLeft.org.

Bonnie Tsui (Seite 142–147) arbeitet häufig für die *New York Times,* die *California Sunday* und den *Pacific Standard.* Sie hat bereits *American Chinatown* geschrieben und arbeitet an einem neuen Buch zum Thema Schwimmen, das bei Algonquin erscheinen wird. bonnietsui.com

Christian L. Wright (Seite 114–119) lebt in New York. Ihre Arbeiten sind schon in Publikationen wie der *New York Times, Allure, Condé Nast Traveler, Gourmet, New York,* dem *Rolling Stone* und dem *Wall Street Journal* erschienen.

FOTOGRAFENBIOGRAFIEN

Jes Aznar (Seite 2, 26–33, 44–51) ist Dokumentarfotograf mit Sitz in Manila und führt weltweit Aufträge aus. Er arbeitet regelmäßig für die *New York Times* und ist Mitbegründer von @everydayphilippines auf Instagram.

Tony Cenicola (Seite 236–249). Bevor er 2000 zur *New York Times* stieß, arbeitete er mehrere Jahre als freier Fotograf. Für die Ressorts Food, Kunst, Immobilien, Reise und Wissenschaft der *New York Times* erledigt er vielfältige Aufträge im Studio und vor Ort.

Gregory Dicum (Seite 186, 189–191) arbeitete als Journalist und Fotograf für die *New York Times,* den *Economist, Harper's* und andere Publikationen. Als Autor veröffentlichte er *Window Seat: Reading the Landscape From the Air* und *The Coffee Book.* dicum.com

J. Emilio Flores (Seite 194–197, 200, 204–205) ist Fotojournalist und schreibt für die *New York Times,* die *Washington Post, Le Monde, Newsweek* und *Vanity Fair.* Er wurde von Organisationen wie der National Association of Hispanic Publications ausgezeichnet. EmilioFlores.com

Marco Garcia (Seite 214–225) ging vor knapp 14 Jahren aus New York fort auf die Insel und lebt und arbeitet seither als Fotograf auf Hawaii. Seine Arbeiten sind in der *New York Times* und vielen anderen Publikationen erschienen. marcogarciaphotography.com

Kevin German (Seite 34–43) ist Fotograf und Mitbegründer der Kreativagentur Luceo, er lebt in New York und Paris. Als Schriftsteller hat er ein Buch über Vietnam veröffentlicht: *Color Me Gone.* kevingerman.com

Robin Hammond (Seite 13, 60–71) gewann zweimal einen World Press Photo Award und veröffentlicht als Fotograf im *National Geographic* und im Magazin *Time. My Lagos,* sein drittes Buch, erschien 2016. Er gründete Witness Change, eine Organisation, die sich mit Bildgeschichten für die Menschenrechte einsetzt. robinhammond.co.uk

Andy Haslam (Seite 110–121) arbeitet als Reise-, Lifestyle- und Architekturfotograf und hat seinen Lebensmittelpunkt in Großbritannien. Er veröffentlicht oft im Reiseteil der *New York Times.* andyhaslam.com

Todd Heisler (Seite 14–15, 250–257) ist seit 2006 Redaktionsfotograf bei der *New York Times.* Er ist Träger des Pulitzerpreises in der Kategorie Foto-Feature und Gewinner des Emmy Award für Nachrichtensendungen und Dokumentarfilme; sein Wohnsitz ist Brooklyn.

Alex Hutchinson (Seite 16–25) schreibt und bebildert von Toronto aus Artikel über Abenteuerreisen. Neben anderen Publikationen schreibt er für *Runner's World* und *Outside* über Ausdauersportarten. Außerdem ist er Autor von *Which Comes First, Cardio or Weights*?.

Ann Johansson (Seite 198–199, 201–203) arbeitet und reist von Los Angeles aus als freiberufliche Fotografin. Sie engagiert sich für die Dokumentation des Klimawandels und arbeitet dazu auch an einem Buch, das den Leser entlang eines Längengrades durch alle Klimazonen führt. annjohansson.com

Meridith Kohut (Seite 226–235) ist amerikanische Fotojournalistin, die seit 2007 von Caracas aus für die Auslandspresse über Lateinamerika berichtet. Sie arbeitet oft für die *New York Times* und hat über Hurrikan Matthew in Haiti, den Drogenhandel in Bolivien und Bandenkriminalität und Migration in Zentralamerika berichtet.

Bénédicte Kurzen (Seite 4–5, 52–59, 72–81) legt als Dokumentarfotografin ihren Schwerpunkt auf Konflikte und sozioökonomischen Wandel in Afrika. An der Sorbonne machte sie ihren Master in Zeitgeschichte. Ihre Abschlussarbeit über den „Mythos des Kriegsfotografen" inspirierte sie, selbst Bilderzählerin zu werden.

Anthony Lanzilote (Seite 162–173) ist Fotojournalist und arbeitet von Detroit und New York aus. Er hat das International Center of Photography in New York und das College for Creative Studies in Detroit absolviert. Lanzilote.com

Chris Livingston (Seite 206–210, 212–213) veröffentlichte Bilder in *Sports Illustrated,* in der *New York Times,* dem *Wall Street Journal, USA Today* und anderen wichtigen Publikationen. Er starb 2009.

Narayan Mahon (Seite 10, 174–177, 179–185) begeistert sich für Holzhacken, Katzen und Radfahren; er lebt in Madison, Wisconsin. In seiner Freizeit ist er Werbe- und redaktioneller Fotograf.

João Pedro Marnoto (Seite 122–129) wohnt im portugiesischen Porto und ist seit zwei Jahrzehnten hauptberuflicher Fotograf. Seine Arbeit reflektiert aus soziologischer und Umweltperspektive Fragen der Identität und der menschlichen Existenz. jpmarnoto.com

Sasha Maslov (Seite 258–269) stammt aus der Ukraine und lebt und arbeitet als Fotograf in New York. Er ist ständiger Mitarbeiter der *New York Times* und anderer Publikationen sowie Autor von *Veterans: Faces of World War II.*

John McConnico (Seite 100–109) gewann einen Pulitzerpreis und einen World Press Photo Award. Er hat in mehr als 90 Ländern gearbeitet. Zu seinen Kunden zählen die *New York Times,* Condé Nast, UNICEF und das Flüchtlingskommissariat der Vereinten Nationen sowie Associated Press. Er lebt in Brüssel. johnmcconnico.com

Samuele Pellecchia (Seite 6–7, 140–149) bereist als Fotojournalist und Videoproduzent die Welt. Seine Arbeiten wurden in Europa ausgestellt und erschienen in Publikationen wie *GQ, Vanity Fair,* der *New York Times, Newsweek* und *Russian Reporter.* Er ist Gründer der Foto- und Videoagentur Prospekt in Mailand.

Maggie Steber (Seite 211) ist Dokumentarfotografin mit Erfahrung in 66 Ländern. Zu ihren Auszeichnungen gehören die Leica Medal of Excellence, ein Alicia Patterson Fellowship und das Ernst-Haas-Stipendium. Seit 30 Jahren arbeitet sie in Haiti. 2013 kürte *National Geographic* sie zur Woman of Vision. maggiesteber.com

Thor Swift (Seite 192–193) arbeitet von San Francisco aus. Seine Aufträge von verschiedenen Redaktionen und der Industrie haben ihn auf nahezu alle Kontinente geführt. thorswiftstudio.com

Andrew Testa (Seite 90–99) berichtete sechs Jahre lang für die *New York Times* und *Newsweek* aus dem Kosovo über den Balkan, Osteuropa, Mittelasien und den Nahen Osten. Später arbeitete er in New York, jetzt lebt er in London. Dreimal gewann er einen World Press Photo Award, und zweimal wurde er von Amnesty International zum Fotojournalisten des Jahres gekürt. andrewtesta.co.uk

INDEX

Hazel Thompson (Seite 8–9, 82–89) ist britische Fotojournalistin und Filmemacherin, die schon mehr als 50 Länder bereist hat. Ihre Arbeiten erscheinen in Fernsehnachrichten und Publikationen wie der *New York Times*, dem *Stern*, dem *Guardian*, der *Vogue*, *Politiken* und anderen.

Chris Warde-Jones (Seite 150–161) wurde in Rom geboren und hat dort den größten Teil seines Lebens verbracht. In seinen 30 Jahren als Fotojournalist hat er auf der ganzen Welt für die *New York Times* und andere Publikationen gearbeitet. Oft wurden seine Arbeiten auch in Ausstellungen präsentiert. warde-jones.net

Max Whittaker (Seite 188) lebt als Fotojournalist in Sacramento, Kalifornien. Sein Schwerpunkt sind soziale und Umweltthemen des amerikanischen Westens. Er hat für die *New York Times*, das *Wall Street Journal*, *Harper's*, *Sactown* und den *San Francisco Chronicle* gearbeitet und ist Gründungsmitglied von Prime Collective.

T. C. Worley (Seite 178) ist Fotograf und Kameramann mit Sitz in Minneapolis, der sich auf redaktionelle und Bewegtbilder spezialisiert hat. Zu seinen Kunden gehören die *New York Times* und das *Wall Street Journal*. tcworley.com

Dave Yoder (Seite 130–139) stammt aus Goshen im Bundesstaat Indiana, wuchs am Fuß des Kilimandscharo in Tansania auf und lebt jetzt in Mailand. Als ständiger Mitarbeiter von *National Geographic Traveler*, der *New York Times* und anderen Publikationen gilt sein besonderes Interesse Geschichten aus dem Leben. daveyoder.com

Australien
Ningaloo-Küste 16–25

Barbados
Ostküste 250–257

Bermuda 236–249

Dominica 258–269

England
Scilly-Inseln 90–99

Frankreich
Baskische Küste 110–121

Italien
Lago d'Orta 140–149
Sant'Antioco 150–161
Toskanische Küste 130–139

Kanada
Bonavista-Halbinsel 162–173

Kleine Antillen 226–235
Martinique
St. Lucia
Trinidad und Tobago

Madagaskar 60–71

Malediven 44–51

Mauritius 52–59

Norwegen
Lofoten 100–109

Philippinen
Palawan 26–33

Portugal
Algarve 122–129

Südafrika
Kapstadt 72–81

USA
Big Island, Hawaii 214–225
Catalina Island, Kalifornien 194–205
Key West, Florida 206–213
Marin County, Kalifornien 186–193
Obere Halbinsel, Michigan 174–185

Vietnam
Con-Dao-Inseln 34–43

Wales
Pembrokeshire-Küste 82–89

Unser Dank gilt allen Mitarbeitern bei der *New York Times* und bei TASCHEN, die zur Entstehung dieses Buches beigetragen haben.

Besondere Anerkennung verdienen die Redakteurinnen Nina Wiener und Sarah Wrigley bei TASCHEN für ihre engagierte Arbeit im Hintergrund sowie der Bildredakteur Evan Sklar und die Illustratorin Ola Niepsuj.

Ein großes Dankeschön gebührt auch allen freien und festen *Times*-Autoren und -Fotografen, deren Arbeiten in diesem Buch versammelt sind, und den zahlreichen *Times*-Redakteuren, die diesen Artikeln in der Printausgabe der Zeitung und auf der Website nytimes.com Gestalt gegeben haben.

Die Umwandlung der Zeitungsartikel in Buchform gewährleisteten bei TASCHEN Anna-Tina Kessler, Andy Disl, Thomas Grell, Kathrin Murr und Anne Sauvadet, unterstützt wurden sie dabei von Lindsey Dole, Amanda Horn, Annie Marino und Pimploy Phongsirivech. Die Marlena Agency half bei der Umsetzung der Illustrationen. Das englische Manuskript wurde von Steve Bailey lektoriert, von Anna Skinner und Doug Adrianson Korrektur gelesen und von Claudia Arlinghaus und Michael A. Titz ins Deutsche übersetzt. In kritischen Momenten kümmerte sich Heidi Giovine bei der *New York Times* um die Produktion.

Unser besonderer Dank gilt Benedikt Taschen, der als langjähriger und begeisterter Leser der *New York Times* den Anstoß zu der Partnerschaft zwischen den beiden Verlagen gab, die dann zur Entstehung dieses Buches führte.

— Barbara Ireland und Alex Ward

Herausgeberin Barbara Ireland
Projektmanagement Alex Ward
Bildredaktion Evan Sklar
Lektorat Steve Bailey
Illustrationen Ola Niepsuj/marlenaagency.com

Projektmanagement der deutschen Ausgabe Kathrin Murr
Artdirektorin und Design Anna-Tina Kessler
Herstellung Thomas Grell
Produktion der deutschen Ausgabe Nazire Ergün und trans texas publishing Services GmbH
Deutsche Übersetzung Claudia Arlinghaus und MAT

Hohenzollernring 53, D-50672 Köln
www.taschen.com

ISBN 978-3-8365-6840-1
Printed in Slovakia

Lofoten 100
Obere Halbinsel 174
Marin County 186
Catalina Island 194
Bonavista-Halbinsel 162
Pembrokeshire-Küste 82
Lago d'Orta 140
Scilly-Inseln 90
Toskanische Küste 130
Key West 206
Bermuda 236
Baskische Küste 110
Sant'Antioco 150
Big Island 214
Algarve 122
Dominica 258
Kleine Antillen 226
Barbados 250
N
W
O
S